KB000292

가다머 vs 하버마스

세창프레너미Frenemy 010

가다머 vs 하버마스

초판 1쇄 인쇄 2021년 5월 6일
초판 1쇄 발행 2021년 5월 13일
—

지은이 최고원
펴낸이 이방원
편 집 송원빈 · 김명희 · 안효희 · 정조연 · 정우경 · 최선희 · 조상희
디자인 양혜진 · 손경화 · 박혜옥   **영 업** 최성수
—

펴낸곳 세창출판사
      신고번호 제1990-000013호   주소 03736 서울시 서대문구 경기대로 58 경기빌딩 602호
      전화 02-723-8660 팩스 02-720-4579 **이메일** edit@sechangpub.co.kr **홈페이지** http://www.sechangpub.co.kr
      블로그 blog.naver.com/scpc1992 **페이스북** fb.me/Sechangofficial **인스타그램** @sechang_official
—

ISBN 979-11-6684-023-4 93160

세창프레너미Frenemy   010

가다머

vs

하버마스

최고원 지음

세창출판사

출판사로부터 처음 출판을 제의받고 몹시 망설였다. '이 골치 아픈 이야기를 또 해야 하는 것인가?' 사실은 이번이 첫 번째가 아니다. 벌써 오래전에 이 이야기를 가지고 책을 낸 적이 있었다. 그때는 나름 괜찮은 아이디어도 있고 해서, 정말로 자신 있게 글을 쓸 수 있었다. 하지만 의욕만 앞섰던 탓인지, 따지고 보면 거의 아무런 성과도 거두지 못했다. 그래서 '다시는 이 이야기로 책을 내지 않겠다' 굳게 마음을 먹고 있었다.

찾아보면 가다머와 하버마스에 대한 책이 없는 것은 아니다. 그런데 그 책들 대부분은 전문가들이 자신이 썼던 논문들을 모아 낸 것이기 때문에, 전문 지식이 없는 사람들로서는 그 내용을 제대로 이해하기가 매우 어렵다. 전문성 없는 사람들도 이해할 수 있도록 쉽게 풀어서 쓴 책이 필요한 이유가 바로 거기에 있다. 처음 출판을 생각했던 때도 그랬고, 두 번째 출판을 시도하는 지금까지도 글쓴이는 줄곧 그런 생각을 하고 있다. 고마웠던 것은 출판사도 그렇게 생각을 하고 있었다는 사실이다.

말이 되는 이야기인지 모르겠지만, '어느 한 분야에 깊은 지식이 있는 학자'와 '다양한 분야에 걸쳐 폭넓은 지식이 있는 학자' 이 둘 중에서 하나를 골라서 공부를 해야 한다면, 글쓴이는 전혀 망설이지 않고 전자를 고를 것이다. 후자를 고를 경우 공부해야 할 내용과 분량이 엄청나게 늘어날 것이 거의 분명하기 때문이다.

예를 들어서, 어떤 학자에 대해서 공부를 하려 하는데, 그 학자가 이런저런 학자들의 이름을 마구 거론하면서 '누구는 어떻고, 또 누구는 어떻고…' 이런 식으로 이야기를 끌어 나간다고 해 보자. 먼저 그 '누구'들에 대한 공부를 대충이라도 해 둬야 그 '어떤' 학자의 이야기를 겨우라도 따라갈 수 있을 것이다.

불행하게도 가다머와 하버마스의 경우 역시 그러하다. 그런 부류의 학자들을 약간의 냉소를 섞어서 '거명擧名주의자'라고 부르기도 하는데, 그들에 대해서 한편으로는 높이 평가를 하면서도, 다른 한편으로 약이 바싹 오를 정도로 얄미운 마음이 드는 것은 어쩔 수 없는 일인 것 같다. 상황이 이렇다 보니 불가피한 경우가 아니라고 한다면, 그들이 하는 이야기를 직접 따라가려 하기보다는 적당한 해설서를 골라 읽는 것이 훨씬 나을 것이다. 이 책도 바로 그런 '적당한' 해설서가 되려는 목적으로 세상에 나오게 되었다.

글쓴이는 이 책을 쓰면서 크게 두 가지 면에 중점을 두었다. 하나는 가능하면 쉽고 재미있게 풀어 쓰자는 것이다. 가다머나 하버마스가 그리 만만한 학자들이 아닐 뿐만 아니라, 그들 사이의 논쟁은 대단히 어려운 이야기들로 가득하기 때문이다. 다른 하나는 그들이 나누었던 대화들을 모두 담으려 하지 않고 그 핵심만 간추리자는 것이다. 그 안에는 워낙에 다양한 이야기들이 복잡하게 얽혀 있어서, 어지간한 전문가들이라 해도 '다 안다' 말하기 어려울 정도니 말이다. 결국 이 책에서 그 둘 사이의 논쟁은 전체적으로 재구성되어 흥미진진한 이야기로 다시 탄생하게 될 것이다.

그것들 외에 한 가지만 더 이야기를 하자면, 가다머와 하버마스 사이의 논쟁을 보수와 진보의 대립으로 보는 시각을 거의 배제했다. 물론 그런 시각이 무가치하거나 무의미하다는 것은 아니다. 하지만 그것은 분명히 논쟁의 핵심 줄기와는 거리가 멀다. 과거 우리나라에서 그런 내용의 논란이 제법 있었던 것은 아마도 당시의 사회 분위기가 짙게 반영된 결과가 아닌가 생각한다.

남들도 다 그렇게 하니, 글쓴이도 고마운 분들을 한번 나열해 볼까 한다. 먼저 마땅히 감사를 받으실 분께 감사드린다. 또 좋은 제안을 해 주시고 집필을 도와주신 출판사 직원분들께도 감사의 말씀을 드린다. 아울러 가족과 친구들에게도 고마운 마음 전하고 싶고, 무엇보다 이 책을 읽는 모든 분께 '진심으로' 고개 숙여 감사드린다. 부디 편안하게 즐기면서 좋은 지식을 얻기 바라는 마음 간절하다.

2021년 5월

아주대학교 성호관 423호 수감收監 중에…. 최고원

차례

제1장

학문적 판단도 완벽할 수 없다: 하이데거

1

학문의 의미와 객관성의 문제

일반적으로 우리는 전체 학문을 크게 문과와 이과 이렇게 두 가지 영역으로 나눈다. 문과는 주로 '인문학'에 속하는 분야들로 예를 들어 문학, 사학, 철학 등이 있다. 이과는 '과학'에 가까운 분야들로 물리학, 화학, 의학, 생물학 등이 대표적이다. 물론 그 외에도 음악, 미술, 체육 등 다양한 학문 분야가 있고, 시대적·문화적 흐름에 따라 모든 학문 분야들이 점차로 세분화되어 가는 경향이 있다. 하지만 전체 학문을 우선 문과 계통의 학문과 이과 계통의 학문, 이 두 가지로 나누는 것은 이미 오래전부터 일종의 전통처럼 단단하게 자리를 잡고 있다.

인문학과 과학, 이 두 가지 영역의 내적인 특성은 어찌 보면 매우 간단하고 분명하다. 인문학 분야에서는 주로 주관적 해석이나 혹은 그것에 바탕을 둔 개성적 표현이 중시되는 반면, 과학 분야에서는 관찰과 실험을 통한 객관적 증명, 즉 '객관성'을 생명으로 여기고 있다. 이러한 특성을 바탕으로 인문학자들과 과학자들은 학문적으로 마치 물과 기름처럼 나뉘어 각각의 영역 안에서 오롯하게 각자의 길을 걸어왔다.

인문학과 과학의 성격이 여러 가지 면에서 크게 다름에도 불구하고, 그 두 가지 모두는 궁극적으로 '학문'이라는 최상위 개념에 함께 속해 있다. 그처럼 '함께 속해 있다'고 한다면, 그것은 그 두 가지가 어떤 공통점을 서로 나누어 가지고 있다는 것을 의미한다. 마찬가지 맥락에서 학문의 영역에 속하는 모든 것들은 그러한 공통점을 어떤 형태로든 혹은 어떤 방식으로든 그 각각의 것 안에 나누어 가지고 있을 것이다.

각각의 학문 분야들이 가지고 있는 공통점, 그것은 궁극적으로 학문의 본질적 속성에 관련되어 있다고 할 수 있다. 그렇다면, 학문의 본질적 속성이라는 것은 과연 무엇일까?

이 물음에 대한 답을 찾아내는 것은 생각보다 복잡하고 어려운 일이다. 왜냐하면 학문의 본질적 속성에 해당할 만한 후보를 선정하는 일도 쉽지 않을 텐데, 어떻게든 후보를 선정했다 하더라도, 그것을 그 많은 학문 분야에 하나씩 하나씩 적용하면서 비교하고 따져 보아야 하기 때문이다. 그런 곤란한 상황을 피해 가기 위해서, 여기에서 우리는 물음의 방향을 약간 틀어 보기로 하자.

학교는 왜 필요한 것일까?

이 물음에 대한 답은 아주 간단하다. 그것은 당연히 누군가가 누군가에게 어떤 것을 가르치거나 누군가가 누군가로부터 어떤 것을 배우기 위해서이다. 간단히 말해서 '공부를 하기 위한 곳'이라는 말이다.

그런데 반드시 학교에 가야만 공부를 할 수 있는 것일까? 그렇지는 않은 것 같다. 공부는 군이 학교에 가지 않고 혼자서도 얼마든지 할 수 있다. 특히 배우는 입장에서 본다면, 배움이 특정한 때와 특정한 장소에서만 가능한 것은 아니다. 그렇기 때문에 학교는 적어도 '혼자서 공부를 하는 곳' 이상의 의미나 목적이 있는 곳이 되어야 한다. 그리고 우리는 그 의미나 목적을 이미 이야기했던 다음의 두 가지 조건을 통해서 간단하게 알아낼 수 있다. '학교는 공부를 하기 위한 곳이지만, 혼자서 공부를 하는 곳은 아니다.' 그러므로 학교는 자연스럽게 이런 곳으로 그 모습을 드러내게 된다.

> 혼자서가 아니라 '여러 사람이 함께 공부를 하는 곳', 그리고 아울러서 여러 사람이 해야 바람직한 내용의 공부를 하는 곳.

다시 학문 이야기로 돌아가서 이번에는 학문과 학교의 관계에 대해서 살펴보기로 하자. 학교는 당연히 '학문'을 목적으로 하는 곳이다. 배우는 입장에서 보았을 때, 학문의 무게중심은 물론 배우고 익히는 '행위'에 놓여 있다. 그렇게 본다면 학교에 가서 어떤 것을 배우고자 하는 사람들, 그들 개개인이 바로 학문이라는 행위의 주체가 되는 셈이다. 그리고 학문의 주체로서 그들이 어떤 것을 어떤 방식으로 배우고 익히든지 간에, 모든 것은 결국 배우는 사람의 개인적인 입장이나 판단에 달려 있을 것이다.

다른 한편으로 학문은 절대로 혼자서 할 수 있는 일이 아니다. 학문이라는 말은 대체적으로 '전문적인 이론을 바탕으로 체계화된 지식'을 의미한다. 잘 살펴보면 그 안에 이미 학문은 혼자서 할 수 있는 일이 아니라는 전제가 깔려 있다. 학문의 차원에서 '전문적인 이론'이란, 전문성 있는 학자들에 의해서 철저하게 검증된 이론을 말하며, 또한 어떤 것을 학문적인 지식으로 체계화하는 일 역시 객관적으로 합의된 절차가 반드시 필요하기 때문이다.

어떤 것이 학문적인 지식으로 체계화되기 위해서는, 혹은 그런 지식을 바탕으로 어떤 이론이 형성되기 위해서는 반드시 '검증'의 과정을 거쳐야만 한다. 검증되지 않은 지식이나 검증되지 않은 이론, 그런 것들을 우리가 도대체 어떻게 신뢰할 수 있을까? 그럼에도 불구하고, 만약에 어떤 사람이 혼자서 공부를 하고, 혼자서 이론을 만들고, 혼자서 검증까지 했다고 한다면, 그리고 나서 '이것으로 충분하니 당신들은 그냥 믿고 받아들여도 상관없다'라고 말한다면, 그 다음은 과연 어떻게 되는 것일까?

학문은 결코 혼자서 할 수 있는 일이 아니다. 그러니 학교를 학문을 하는 곳이라 말하면서도 그곳을 단지 '개인적인 차원에서' 무언가를 배우는 곳으로만 생각하고 있다면, 그것은 학문과 학교의 관계에 대한 이해가 부족해서 생긴 일종의 오해라 할 수 있을 것이다.

학문의 올바른 의미를 고려했을 때, 학교는 어떤 것을 배우는 곳, 혹은 그런 목적으로 공부를 하는 곳이라는 좁은 의미 안에 갇혀 있어서는 안 된다. 학교는 '함께하는 곳'으로서의 의미가 퇴색하지 않도록 언제나 열려 있어야 하며, 그렇게 해야 하는 이유는 함께하는 학문적 검증이 무엇보다 중요하기 때문이다.

여럿이 함께하는 학문적 검증, 그것을 달리 말해 본다면, 결국 '객관적 검증'이 아니고 무엇이겠는가? 그러므로 지금까지의 이야기를 종합하면, 학문의 진정한 의미와 가치의 바탕에는 언제나 '객관성'이 자리하고 있다. 만약 객관성이 확보되지 않는다면, 그 어떤 것도 학문적으로 가치를 인정받을 수 없을 것이다.

～

저 앞쪽에서 우리는 학문이 크게 인문학(문과)과 과학(이과) 두 가지 분야로 나뉘고, 그 두 가지 분야가 마치 물과 기름처럼 각각 다른 길을 걸어왔다는 이야기를 했었다. 그리고 그렇게 된 결정적인 이유가 바로 '객관성' 문제 때문이라는 내용도 살펴보았다. 그런데 과학 쪽에서 그처럼 객관성을 강조하는 상황에서라면, 상대적으로 주관적 성격이 강한 인문학은 상당히 불리한 위치에 놓일 수밖에 없다. 이렇게 과학은 인문학에 대해서 상대적으로 우위를 점하는 동시에, 학문적인 논의를 진행하는 과정에서도 확실하게 주도권을 잡게 된다. 방금 전에 우리가 함께 살펴보고 동의했던 바와 같이, 학문의 진정한 의미와 가치는 다름 아닌 '객관성'에 있기 때문이다.

객관성이라는 측면에서 생각해 보면, 학문의 한 영역으로서 인문학은 대단히 치명적인 약점을 드러내 보인 셈이다. 그 결과 과학은 이제 인문학에 이런 요구를 할 수 있게 되었다. 그것도 아주 위세가 당당하게.

"정상적인 학문으로 남아 있고 싶거든 지금 당장 객관성을 갖추라!"

만약에 이 요구에 대해서 인문학이 마땅한 대응책을 찾아내지 못한다면, 인문학은 단순히 과학의 위세에 눌리는 정도에서 그치는 것이 아니라, 극단적인 경우 학문의 영역에서 아예 쫓겨나게 될 수도 있을 것이다.[1]

지금까지의 상황을 간단하게 정리해 보면 이렇다. 과학은 주로 관찰과 실험을 통해서 어떤 것을 '설명'하려 한다. 그래서 과학은 객관적 성격이 강한 학문 분야이다. 반면에 인문학은 주로 표현을 통해서 어떤 것을 '이해'하려 한다. 그래서 인문학은 과학에 비해서 객

---

1 '먹고사는 일'에 크게 도움이 되지 않는다는 이유로 근래에 인문학이 겪고 있는 위기를 소위 '인문학의 위기'라고 한다면, 객관성을 둘러싼 논란의 과정에서 인문학은 이미 또 다른 차원의 위기를 겪은 바 있다.

관적 성격이 약한 학문 분야이다. 그렇기 때문에 우리가 만약 인문학을 객관성과 연결시킬 어떤 계기나 방도를 찾아내지 못한다면, 인문학은 학문의 영역에서 영영 쫓겨나는 처지가 될지도 모르는 일이다.

'어떤 것이 학문의 영역에 속하는가 혹은 그렇지 않은가?' 그것을 판정하려 하는 경우, 그 기준은 '객관성'으로 정해졌다. 그런데 객관성을 기준으로 그런 물음을 던진다면, 그것은 사실상 이런 말과 전혀 다름이 없다. '과학의 영역에 속하는가 혹은 그렇지 않은가?' 만약 그 두 가지가 정말로 같은 의미를 갖는다고 한다면, 이야기는 결국 이렇게 정리가 될 수 있을 것이다.

　　　학문이라는 것은 처음부터 과학을 의미하는 것이었다.

또한 어떤 것이 만약 과학의 영역에 속하지 않는다고 한다면, 다음의 두 가지 경우 중에 하나일 것이다. 처음부터 분명하게 학문의 영역에 속하지 않는 것이거나, 혹은 학문의 영역에 속하는 듯 보이지만 결과적으로 사이비에 불과한 것.

2

객관적 판단의 일반적인 한계

객관성이란 무엇일까? 우리가 '객관성이 있다'고 인정한다면, 그 것은 흔히 이러한 경우를 말하는 것이다. 어떤 사람이 어떤 대상에 대해서 어떤 판단을 했을 때, 그 사람의 판단에 대해서 우리가 '그 누구라도 받아들일 수 있을 만하다'라고 수긍하는 경우. 여기에는 또한 아래와 같은 내용이 전제되어 있는데, 어찌 보면 너무나 당연 해서 도대체 지금 '왜 이런 이야기가 필요한 것일까?' 하는 의문이 들 수도 있겠다. 하지만 그것은 겉보기와는 다르게 그리 단순한 내 용이 아니라서, 세세하게 따지고 들어가 보면 전혀 뜻밖의 이야기를 만나게 될 것이다.

> 객관성은 사람이 하는 판단과 어떤 방식으로든 관련되어 있다.
> 다시 말해서, 객관성은 어떠한 경우라 할지라도 사람의 판단을 벗
> 어나 있을 수 없다.

우리가 나누는 이야기의 한가운데에 자리한 객관성의 문제, 그 객관성에 대한 이야기가 여기에서부터는 조금 다른 내용으로 바뀌 게 된다. 지금까지의 이야기가 주로 객관성과 학문의 관계에 초점 이 맞춰져 있었다면, 이제부터 그 무게중심이 '사람이 하는 판단의

정확성'을 검증하는 문제로 옮겨 가게 된다는 뜻이다.

'사람이 하는 판단은 정확할 수 있을까?' 이 물음에 대해서는 정확성의 정도를 어떤 기준에 맞추느냐에 따라 꽤나 다양한 의견들이 나올 수 있다. 일단 우리는 그런 의견들을 모두 무시해 버리고, 무작정 이런 식의 결론부터 내려놓고 그냥 지나가 보기로 하겠다.

> 사람이 하는 판단은 그 형태와 종류 혹은 낱낱의 개별적 특성과
> 상관없이 모두 일정한 한계를 갖는다.

모두가 그러하다면, 그 한계는 우리가 객관적인 판단이라 인정하는 경우에도 역시 똑같이 작용하고 있을 것이다.

앞에서 우리는 과학이 관찰과 실험을 통해서 객관성을 확보하는 학문 분야라는 것을 살펴보았다. 실제로 과학은 수많은 학자들이 객관적인 방식으로 기반을 다지고 쌓아 올린, 정말로 '객관적인 체계'를 바탕으로 하고 있다. 반면에 지금 무작정 내려놓은 결론에 따르자면, 학자들도 사람인 이상 그들의 판단 역시 일정한 한계를 가질 수밖에 없다. 또한 학자들이 그렇다고 한다면, 우리는 자연스럽게 과학에 대해서 이러한 의심을 갖게 될 것이다. '과학 역시 궁극적으로는 일정한 한계 안에 갇혀 있는 것이 아닐까?'

무한하다고 생각할 수밖에 없는 저 우주, 그리고 우주만큼이나 무한하게 느껴지는 기나긴 시간. 그것에 비해서 사람들이 경험하는 시간과 공간은, 설령 그 모두를 다 합한다 하더라도, 참으로 미미

한 것에 불과할 뿐이다. 수십억, 수백억 년의 시간, 혹은 수십억, 수백억 광년의 공간, 그 안에 있는 것들 중에서 우리가 직접 관찰할 수 있는 것이 과연 얼마나 될까? 그런 정도의 관찰만으로 만든 이론이라고 한다면, 그 이론들이 설명할 수 있는 범위도 극히 제한적이라 할 수밖에 없지 않을까?

'실험'도 속사정은 관찰과 크게 다르지 않다. 처음부터 실험이 불가능한 경우도 많이 있을뿐더러, 실험이 가능한 경우라 하더라도, 실제 상황을 있는 그대로 재연한다거나 다양한 변수를 완벽하게 통제하기는 사실상 불가능하다. 특히 실험 대상의 성격을 고려한다면, 문제는 훨씬 더 복잡해진다. 실험 대상이 무생물인 경우에도 그러할 텐데, 대상이 생물인 경우에는 더 말할 필요가 없으며, 그중에서도 동물인 경우, 또 그중에서도 사람인 경우, 제약은 눈덩이처럼 불어나게 될 것이다. 그리고 그런 제약 속에서 얻은 실험의 결과와 그것을 근거로 내린 판단이라고 한다면, 그 판단을 아무 의심 없이 따라가는 것, 그것이 어떤 결과를 초래할지는 이미 자명한 일이라 할 수 있을 것이다.

예를 들어서, 주사위 던지기 실험을 생각해 보자. 처음 주사위를 던졌더니 5가 나왔고, 다시 던졌더니 또 5가 나왔다. 그렇게 10번을 던졌는데, 어쩌다가 매번 5가 나왔다. 이때 이런 판단을 한다면 어떨까? '이 주사위는 던질 때마다 5가 나오는 주사위구나.' 물론 그렇게 판단하기에는 아무래도 일러 보인다. 그래서 100번을 다시 반복해서 던졌고, 정말 말도 안 되는 일이겠지만 이번에도 같은 결과를 얻었다. 그렇다면 그 주사위가 던지기만 하면 5만 나오는 주사위라고 판단해도 되지 않을까? 만약 아직도 부족하다고 생각한다면, 10,000번쯤 더 던졌다고 해 보자. 그랬는데도 역시 마찬가지의 결과를 얻었다고 한다면, 이제는 안심하고 그런 결론을 내려도 되지 않을까? 그런데 여전히 그렇지 않다고 생각한다면, 도대체 그 주사위를 얼마나 많이 던져 본 후에야 아무런 의심 없이 그런 결론을 내릴 수 있을까?

어느 누구라도 동의할 수 있는 판단, 특히 과학에서와 같이 관찰과 실험을 통해서 얻은, 소위 객관적 판단이라고 할지라도, 일단 판이 뒤집히고 나면 그것으로 모두 끝이다. 그 어느 것도 더 이상 '동의할 수 있는 판단'으로 남아 있을 수 없다. 시대에 따라서 새로 밝혀지는 사실들이 있기 마련이고 새로운 사실이 밝혀지면, 그에 따라 우리의 판단도 자연스럽게 바뀌게 될 것이다.

물리학에 있어서 뉴턴 시대에는 뉴턴이 전부일 것만 같았을 것이다. 하지만 아인슈타인이 나타난 이후에는 정말로 많은 것들이 달라졌다. 그런데 과연 아인슈타인이 모든 변화의 끝이라고 장담할 수 있을까? 아마도 그렇지는 않을 것이다. 그렇다면, 언제쯤이나 '절대적으로' 옳은 판단이 나오고 그것으로 '끝'을 말할 수 있게 될까?

～

과학에서의 판단은 주로 귀납적[2] 사고에 의한 판단이다. 실험과 관찰로부터 얻는 결론 역시 귀납적 결론이며, 그러므로 과학에서의 판단은 '대상에 대한 관찰과 실험이 언제고 충분할 수 없다'는 한계를 원천적으로 배제할 수 없다. (앞에서의 경우처럼 과연 주사위를 몇 번쯤 던지면, 절대적으로 확신할 수 있는 결론을 얻을 수 있을까?) 그렇다고 해서 다음과 같이 생각하는 방식이 현명하다는 말은 결코 아니다. '귀납적 사고에는 필연적인 한계가 따르기 마련이니, 과학적인 판단도 그리 신뢰할 것이 못된다.'

우리가 과학이 제시하는 결론을 받아들이는 것은 대단히 합리적인 일이다. 예를 들어서 이런 생각을 하는 사람이 있다고 가정해 보기로 하자. '높은 곳에서 어떤 물건을 던졌을 때 그 물건이 땅에 떨어진다는 판단. 그 판단은 귀납적 사고에 바탕을 두고 있고 귀납적인 사고에는 분명히 한계가 있기 마련이다. 그러니 그렇게 되지 않을 가능성을 믿고 빌딩에서 한번 뛰어내려 보기로 하자.' 그런 사람에게 우리는 과연 어떤 말을 할 수 있을까? 지금 다루고 있는 내용은 그런 황당한 이야기와는 전혀 관계가 없다. 지금 우리에게 중요한 것은 바로 이런 것이다.

---

2 귀납이란 '하나하나의 구체적이고 특수한 사실을 종합하여 그것으로부터 일반적인 원리를 이끌어 내는 추론 방식'을 말한다. 예를 들어서, 어떤 사람이 이런 관찰을 했다고 가정해 보자. A라는 사람도 죽었고, B라는 사람도 죽었고 C라는 사람도 죽었고, 그렇게 계속 살펴보니 사람은 결국 다 죽었다. 그래서 그는 그러한 개별적인 사실을 종합해서 '사람이면 언젠가 죽는다'라는 일반적인 원리를 이끌어 냈다. 이런 식의 추론 방식이 바로 귀납적 사고에 해당한다.

과학적으로 아무리 확고해 보이는 결론이라 할지라도, 그것은 오직 귀납적 판단이 유효한 범위 안에서만 그러할 뿐이다. 그렇기 때문에 과학적 결론들은 결코 절대적인 것이 아니며 언제든 바뀔 가능성이 있다.

지금까지 우리가 나눈 이야기를 간단하게 정리하고 다음으로 넘어가기로 하자. 학문에 있어서 객관성은 무엇보다 중요하다. 그런데 인문학은 과학에 비해서 상대적으로 객관성이 부족한 분야이다. 만약에 객관성을 기준으로 적용한다면, 인문학은 학문의 영역 안에 제대로 발을 붙이고 있기 어려울 수도 있을 것 같다. 하지만 다른 한편으로 과학에서 강조하는 객관성도 문제가 아예 없는 것은 아니다.

과학이 제시하는 결론이 사람이 하는 판단에 바탕을 두고 있다면, 그것 역시 필연적으로 일정한 한계를 가질 수밖에 없다. 우리가 과학적 결론을 받아들이는 것은 그것이 완벽하기 때문이 아니라, 가장 합리적이기 때문이다. 그런데 만약 과학이 우리에게 주는 합리성으로는 감당할 수 없는 문제를 만나게 된다면, 그런 경우에 우리는 도대체 어떤 종류의 판단에 의지해야 하는 것일까?

3

인식이론과 사람의 의식

사람의 판단에 대한 의심, 즉 판단의 정확성에 대한 의심은 사실 학문의 객관성을 따지던 시기보다 훨씬 오래전부터 있었다. 그 길고 긴 역사 속에서 가장 대표적인 사례를 찾아보자면, 소위 '인식'에 대한 관심이 그 어느 때보다 높았던 근대近代일 것이다. 인식이론, 말 그대로 인식에 대한 이론을 말하며, 더 쉽게 풀어 이야기하자면, 사람이 하는 판단에 관련된 것들을 여러 가지 관점에서 살펴보는 학문 분야이다.

관점이 다양했던 탓에 인식에 대해서는 무척 다양한 이론들이 나타났는데, 그 이론들 각각은 나름의 장·단점을 가지고 수많은 논란거리들을 만들어 냈다. 그 복잡한 이야기들 중에서 우리는 딱 한 가지만, 우리가 지금 다루고 있는 이야기에 꼭 필요한 한 가지만 골라서 그것도 아주 간략하게만 살펴보고 지나가기로 하겠다.

앞에서 이야기했던 바와 같이 관찰과 실험에 있어서 객관성의 실제적인 의미나 가치는 주로 합리성의 차원에서 생각해 볼 문제였다. 반면에 지금부터 이야기하게 될 인식론의 기본적인 구도는 과학적 판단의 합리성보다 훨씬 더 근본적인 차원에 있는 어떤 것과 연결되어 있다. 예를 들어서, 인식론에서는 이따금 진짜와 진짜 아닌 것, 혹은 진리와 진리 아닌 것을 따지기도 하는데, 그런 것들은 적어도 합리성의 차원을 넘어 '본질적 차원'에서나 논의할 수 있는 문제들이다. 먼저 아래의 사진을 보고 나서 다음 이야기로 넘어가기로 하자.

어떤 꼬마 앞에 야구공이 하나 놓여 있고, 이 꼬마는 야구공을 바라보고 있다. 이 상황을 인식론의 관점에서 말하자면, 지금 '꼬마는 야구공을 인식했다.' 이 말이 의미하는 바를 조금 더 쉽게 풀어서 써본다면 아마도 이렇게 될 것이다. 진짜 야구공은 꼬마 앞에 놓여 있고, 마치 사진이 찍히듯 그 야구공이 꼬마의 눈을 통해서 머릿속으로 전달된다. 그래서 꼬마의 머릿속에는 진짜와 똑같지만 사실은 가짜인 '야구공의 모습'이 자리하게 되었다.

비록 그 두 가지 야구공이 똑같은 모습이긴 하지만 실제 내용은 완전히 다르다. (한 번 더 확인해 두자면, 하나는 진짜 야구공이고 다른 하나는 진짜와는 다른, 그런 면에서 가짜인 야구공이다.) 이것은 이상할 것이 전혀 없는 정말로 당연한 이야기이다. 그런데 바로 여기에 엄청난 반전이 우리를 기다리고 있는데, 그 반전을 통해 우리는 일상적인 생각과 학문적인 시각의 차이를 제대로 경험하게 될 것이다.

상당히 이상하게 들릴지도 모르겠지만, 지금의 상황을 ―아래에 정리해 둔 것처럼― 매우 독특한 시각에서 바라보는 학자들이 있다. 일상적으로는 물론 그런 시각을 받아들이기 어려울 수도 있다. 그럼에도 불구하고 일단 '이렇게 보는 사람들도 있구나…' 정도로만 정리해 두고 이야기를 계속 진행시켜 보기로 하자.

> 겉보기에는 진짜 야구공과 가짜 야구공 두 가지가 있는 것처럼 보이지만 실제로는 그렇지 않다. 그 두 가지 야구공은 완전히 동일한 것이며, 그래서 진짜와 가짜를 나누어 생각하는 것은 전혀 무의미한 일이다.

먼 미래에 '뇌과학'이 엄청나게 발전해서 그 분야 전문가들이 우리의 뇌를, 즉 우리의 인식을 완벽하게 조정할 수 있게 되었다고 가정해 보자. 그들은 우리 뇌의 어떤 부분을 어떻게 자극하면 우리가 어떤 것을 보게 되거나 어떤 느낌을 갖게 되는지를 정확하게 알고 있다. 예를 들어서, 전문가들은 이런 식의 아주 세밀한 리스트를 작성해 놓고 그것을 언제 어디서든지 실행해 옮길 수 있게 된 것이다.

- 자극위치: 신경세포군 T8G74543ZGPPK-30579029759-
  LSDFTGERT340957485(신경세포: a045-9834d & m586-ldkf43)
- 자극강도: Kdfs452-32346ttg
- 자극속도: 0.0034354834/sec
- 자극횟수: 943478회
- 효과: 약 97.5~98cm 앞에 야구공이 있는 것으로 인식.

　다시 꼬마 이야기로 돌아가서, 이 내용을 그대로 적용해 보기로 하자. 다시 말해서, 지금 꼬마 앞에는 사실 아무것도 없는데, 뇌과학자들이 꼬마의 뇌를 정밀하게 자극해서 그 꼬마가 자신 앞에 야구공이 있는 것처럼 인식하게 만들었다는 것이다. 이제 우리는 '꼬마가 야구공을 인식했다'는 상황을 놓고 다음과 같은 두 가지 경우를 생각할 수 있게 된다.

　첫째, 꼬마 앞에 실제로 야구공이 있고, 그것을 꼬마가 그대로 인식한 경우.
　둘째, 실제로는 꼬마 앞에 야구공이 없는데, 뇌과학자들이 꼬마의 뇌를 자극해서 꼬마가 자기 앞에 야구공이 있는 것처럼 인식하게 만든 경우.

이 이야기에서 다른 것들은 모두 다 빼 버리고, '오직 꼬마의 입장에서만' 생각을 해 보기로 하자. 두 가지 경우 모두에서 꼬마는 자기 앞에 야구공이 있다고 인식한다. 그렇다고 한다면, 꼬마의 입장에서 앞에 열거된 두 가지 경우 사이에 과연 어떤 차이가 있는 것일까? 당연히 아무런 차이도 없다.

이제부터는 아예 우리 모두 다 그 꼬마의 입장이 되어 보기로 하자.[3] 그리고 어떤 원인으로부터든 상관없이 —앞에서 이야기했던 그 두 가지 방식들 중 하나로— 지금 우리에게 야구공이 인식되었다. 그것을 우리는 (일상적으로) 이렇게 말하는 것이다.

"우리 앞에 야구공이 있다."

하지만 꼬마의 입장이 된 우리가 '실제로 있다'고 확신할 수 있는 것은 무엇인가?

첫째, 야구공이라는 우리의 '인식'
둘째, 우리의 인식 밖에 실제로 있는 야구공

만약 우리들 중 누군가 '둘째가 맞다'고 생각한다면, 그 사람은 아

---

[3] 그렇다면 꼬마를 보면서 이야기를 나누는 우리 같은 사람들도 없는 것이고, 꼬마의 뇌를 조작하는 뇌과학자들도 없는 것이다.

직도 꼬마의 입장이 되지 못하고 있는 것이다. 다시 한번 확인해 두 겠지만, 꼬마의 입장에서 실제로 있(다고 확신할 수 있)는 것은 오직 야 구공이라는 '인식'뿐이다. 그 외에는 '있다'고 할 수 있는 것이 아무 것도 없다.

그렇다! 실제로 있는 것은 오직 인식뿐이고 그것 외에는 아무것 도 없다. 그러니 따지고 보면 인식의 안과 밖을 나누는 것도, 그렇게 나누고 나서 '인식의 바깥에 어떤 것이 있으며, 그것이 실제로 있는 것이다'라고 생각하는 것도 학문적인 시각[4]에서 본다면, 아무 의미 도 없는 일이다. 아니, 애초부터 '인식의 바깥'이라는 말조차 전혀 말 이 안 되는 '말'일 뿐이다.

우리에게 있어서 실제로 유의미한 세계는 '인식'들로 이루어진 세 계이다. 누군가 우리에게 '우주의 밖에는 무엇이 있는가?'라고 묻는 다면, 우리는 뭐라고 대답해야 할까? 일단 우주 밖으로 나가 봐야 알 것이다. 그러나 우주의 밖이라는 것이 어떻게 있을 수 있겠는가?[5] 우리가 우리 '인식의 밖'을 이야기하는 것도 이와 비슷한 일이다. 우 리가 우리의 인식의 밖으로 나가 보지 않고서는 아무것도 알 수 없 다. 그런데 '우리가 우리의 인식 밖으로 나간다'는 것은 도대체 어떤 것을 말하는 것인가?

그렇다면 인식은 왜, 어떻게 생기는 것일까? 그것에 대해서도 우

---

[4] 지금 이야기에서 학문적인 시각이란 인식론적인 시각을 말한다.
[5] 혹시 '우주의 밖'을 다루는 학문 분야가 있는지는 잘 모르겠다. 하지만 지금 우리의 입장 에서라면, 그냥 무시하고 이야기를 진행하더라도 아무런 상관이 없을 것이다.

리가 말할 수 있는 것은 아무것도 없다. 만약 초월적 능력을 지닌 누군가가 ―마치 꼬마의 뇌를 마음대로 조작할 수 있는 뇌과학자들처럼― 우리에게 어떤 인식을 만들어 넣는다고 생각한다면, 그것은 아마도 종교의 영역에서나 통하는 이야기가 될 것이다. 애초에 그런 이야기는 오직 그렇게 믿는 사람들에게만 의미가 있는 이야기일 뿐이다.

학문적인 관점에서 말하자면, 인식은 '그냥' 우리에게 생기는 것이다.[6] 그것이 인식의 발생에 대해서 우리가 말할 수 있는 전부이다. 또한 그것이 최초의 출발점이기 때문에, 우리는 인식에 앞서 있는 것을 생각조차 할 수 없다. 반면에 그 인식이 어디에 생기는지는 분명하게 말할 수 있다. 바로 우리의 '의식'이다. 이제 살펴본 내용 모두를 한데 모아서, '우리 앞에 야구공이 있다'라는 일상적인 표현을 학문적인 표현으로 바꾸어 써 보기로 하자. 그러면 아마도 이런 문장이 나오게 될 것이다.

야구공이라는 인식이 우리의 의식에 나타났다.

의식에 나타난 인식을 다른 말로 현상現想이라고 한다. 굳이 현상이라는 말을 별도로 만들어 쓰는 이유는 대상對象이라는 말로부터

---

[6] 아무런 대가(代價) 없이 우리에게 생기기 때문에, 어떤 이들은 '인식' 자체를 '감사한 일'로 여기고 있다.

발생하는 오해를 피하기 위해서이다. 학문의 영역에서 대상이라는 말은 '의식 밖에 실제로 있는 어떤 것'을 뜻한다. 그렇기 때문에 우리가 만약 현상이 아니라 대상을 내세운다면, 그것은 곧 의식 바깥에 있는 어떤 것을 인정하겠다는 것과 같은 말이다.

만약 대상이 있음을 인정하고 그것을 전제로 어떤 이야기를 하려 한다면, 지금까지 우리가 했던 모든 이야기들은 다시 원점으로 돌아가 버릴 것이다. 대상에 대해서 우리는 이미 그것이 전혀 무의미한 개념에 불과하다는 사실을 여러 과정을 거치면서 확인한 바 있다. 우리는 우리 의식에 나타나는 인식, 즉 현상을 경험할 뿐이다. 그것이 지금까지 우리가 나누었던 이야기의 최종적인 결론임과 동시에 확신할 수 있는 전부이다.

4

존재와 현존재

인식이론이 다양한 방향으로 발전해 나가면서 여러 모습으로 변화했음에도 불구하고, 학자들의 관심은 한동안 '대상'을 쫓는 일에 치우쳐 있었다. 그러다가 몇몇 위대한 학자들이 시도한 소위 '발상의 전환'을 계기로 인식이론의 관심은 점차 '현상'과 '현상을 경험하는 의식'으로 이동하게 되었다.

그러한 변화의 과정에서 가장 독특하고 탁월한 업적을 남긴 학자를 꼽는다면, 아마도 마르틴 하이데거Martin Heidegger일 것이다. 하이데거는 특히 우리가 앞으로 조명하게 될 두 명의 주인공 중 한 명인 한스 게오르크 가다머Hans Georg Gadamer의 스승이기도 했다. 그렇기 때문에 순서상 하이데거에 대한 이야기를 먼저 하고 난 다음에 이어서 가다머의 생각을 살펴보는 것이 좋을 듯하다.

하이데거는 현상에 대해서 매우 특이한 생각을 가지고 있었다. 우리의 의식에 현상이 나타나는 것, 그는 그것을 존재存在가 우리에게 자신을 드러내는 것이라고 생각했다. 이 말이 의미하는 바는 일차적으로 이런 것이다. 우리의 의식이 현상을 경험할 때, 주도권을 가지고 있는 것은 우리의 의식이 아니라 현상이다.[7]

그렇게 현상이 주도권을 가지고 있다면, 하이데거에게 있어서 존재란 결국 우리의 의식에 현상으로서 자신을 드러내는 어떤 것이라는 의미를 갖게 된다. 그런 맥락에서, 만약 지금까지 나누었던 이야기들을 우리가 제대로 이해하고 있다면, 아래와 같은 두 가지 내용에도 그리 어렵지 않게 수긍할 수 있을 것이다.

첫째, 존재는 우리의 의식에 자신을 드러내고, 우리의 의식은 현상으로서 그 존재를 경험한다.

[7] 이전까지는 일반적으로 이렇게 생각했었다는 것을 잊지 말자. '우리의 의식은 곧 우리 자신이며, 우리 자신의 어떤 의도나 의지가 작용해서 우리 밖에 있는 대상을 인식하는 것이다.'

둘째, 그러므로 우리의 의식은 (우리의 의식에 현상으로서 자신을 드러내는) 존재를 경험하는 의식이다.

사람인 우리도 어떤 존재임에는 틀림이 없다.[8] 우리가 어떤 존재인가에 대해서는 끝이 없을 정도로 많은 이야기가 있을 수 있다. 하지만 하이데거의 관점에서 —특히 우리 의식의 성격과 관련해서 생각해 본다면— 우리는 존재를 경험하는 존재로 규정될 수 있다. 또한 거기에서 조금만 더 따지고 들어가 보면, 그 말에는 이러한 내용도 녹아들어 있음을 알게 된다. 마치 우리 자신은 존재가 자신을 드러내는 어떤 '장소'와 같아서, 만약 우리가 없다면 존재도 자신을 드러내지 못할 것이다. 뒤집어 말해서, 만약 우리가 없다면 존재도 사실상 없는 것과 마찬가지가 되는 셈이다. 그만큼 우리는 매우 특별한 존재이며, 그러한 의미를 담아서 하이데거는 우리를, 혹은 우리의 존재를 현존재現存在라 부른다.

존재는 현존재인 우리에게 자신을 드러내고, 우리는 현존재로서 우리에게 드러나는 존재를 경험한다. 그런데 여기에서 말하는 경험이란 정확하게 어떤 것일까? 조금 더 구체적으로 이야기해 보자면, 존재는 현존재에게 어떤 방식으로 자신을 드러내며, 또한 현존재는

---

[8] 여기에서 '존재'라는 말은 우선 '있다'는 말로 받아들이기로 하자. 그래서 '우리도 어떤 존재이다'라는 말은 '우리도 어떻게(든) 혹은 어떤 방식으로(든) 있다'는 말과 같은 의미이다. 그렇다면 우리는 과연 어떻게 혹은 어떤 방식으로 있는 것일까? 그것이 바로 하이데거가 제기했던 우리의 '존재방식'에 대한 물음이다.

그것을 어떤 방식으로 경험하게 되는 것일까?

우리는 그저 무심한 거울과 같고, 그런 거울에 여느 사물이 비치듯이 존재도 우리에게 그냥 그렇게 비쳐 드러나는 것일까? 만약 그렇다고 한다면, 사물과 거울의 관계는 대상과 의식의 관계와 다를 바가 없을 것이고, 이미 여러 차례 우려를 표했던 것처럼, 그것으로 우리가 나눈 모든 이야기는 일시에 물거품이 되고 말 것이다.

존재는 현존재에게 거울에 비친 물건처럼 자신을 드러내는 것이 아니다. 다시 말해서, 존재는 현존재에게 어떤 '의미'로 드러난다. 그때마다 현존재는 그렇게 드러나는 존재를 특정한 '어떤 것'으로 받아들이게 되는 것이다. 이처럼 어떤 의미로 드러나는 존재를 현존재가 특정한 '어떤 것'으로 받아들인다는 것, 한마디로 존재는 현존재인 우리에게 '~로서' 드러난다는 말이 된다. 그렇기 때문에 현존재가 존재를 경험하는 방식 역시 마찬가지로 '~로서'이다.

예를 들어서, 어떤 자갈밭이 있고 그 자갈밭에 ―앞에서 등장했던 (꼬마가 보던)― 그 야구공이 떨어져 있다고 가정해 보자. 우리가 그 자갈밭을 지나가다가 우연히 그 야구공을 보게 되었다. 그때 우리가 과연 이렇게 생각할까? '줄무늬가 선명한 동그랗고 흰 돌이군.' 절대로 그렇지는 않을 것이다. 우리는 그것이 야구공임을 즉각 알아보고, 아주 좋은 기분으로 주워 들고 갈 것이다. 왜냐하면 그것이 '야구공으로서' 우리에게 드러났고, 동시에 우리도 그것을 '야구공으로서' 받아들였기 때문이다.

오지의 원주민이 나무 열매를 잘게 부수기에 적당한 어떤 물건을 찾다가, 우연히 자갈밭에 떨어져 있는 그 야구공을 보게 되었다. 물론 그 원주민은 야구에 대해서는 전혀 아는 바가 없다. 아마도 그는 우선 이런 생각을 할 것이다. '이게 뭐지? 줄무늬가 선명한 동그랗고 흰 돌이군. 신기하네.' 그다음 그 야구공이 나무 열매를 부수기에 적당하다는 것을 깨닫고, 매우 흡족해 하면서 그것을 주워 들고 집으로 돌아갈 것이다.

그 원주민에게 그 야구공은 야구공이 아니라, 오직 나무 열매를 부수기에 적당한 어떤 것, 즉 하나의 '도구'일 뿐이다. 왜냐하면 그것이 나무 열매를 부수기에 적당한 어떤 '도구로서' 그 원주민에게 드러났고, 동시에 그 원주민 역시 그것을 나무 열매를 부수기에 적당한 '도구로서' 받아들였기 때문이다.

다시 한번 강조하겠지만, 존재는 현존재인 우리에게 자신을 '~로서'의 방식으로 드러내고, 마찬가지로 현존재인 우리는 그렇게 우리에게 드러나는 존재를 '~로서'의 방식으로 경험한다. 그러나 그 과정에서 일어나는 일은 그것만이 전부가 아니다. 꼬마와 야구공 이야기를 조금 더 해 보기로 하자.

어릴 적 꼬마는 생일날 아버지와 프로야구 한국시리즈 7차전 경기를 보러 갔었다. 꼬마가 응원하는 팀이 9회 말 투아웃에 3점을 뒤지고 있었는데, 마침 꼬마가 가장 좋아하는 선수가 타석에 들어섰다. 그 선수는 볼카운트 3볼 2스트라이크 상황에서 드라마 같은 역전 4점 홈런을 날렸다. 그런데 그다음에 오히려 더 드라마 같은 일이 꼬마에게 벌어졌다. 꼬마의 아버지가 그 홈런 볼을 잡아서 꼬마에게 생일 선물로 주셨던 것이다. 꼬마의 삶을 통틀어 바로 그날이 가장 신나고 행복한 날이었다. 시간이 흘러 흘러 지금 꼬마는 그때 아버지 정도의 나이가 되었고, 길을 걷다가 우연히 자갈밭에 떨어져 있는 야구공을 보게 되었다.

어릴 적 그 꼬마의 어떤 친구는 프로야구 한국시리즈 마지막 경기가 있었던 바로 그날 아버지를 잃었다. 그 친구는 경기장 앞에서 어머니와 함께 아버지를 기다리고 있었는데, 아버지가 경기장으로 오던 중에 교통사고로 돌아가시고 말았던 것이다. 그날은 그 친구 인생에서 가장 슬픈 날이었다. 그 이후로 그는 야구를 몹시 싫어하게 되었으며, 다시는 야구장을 찾지도 야구를 보지도 않았다. 시간이 흘러 지금 그 친구도 돌아가신 아버지 정도의 나이가 되었고, 길을 걷다가 우연히 자갈밭에 떨어져 있는 야구공을 보게 되었다.

자갈밭에 떨어져 있던 그것은 그 꼬마에게, 또한 그 꼬마의 친구에게 '야구공으로서' 드러났으며, 꼬마와 그 친구 역시 그것을 '야구공으로서' 받아들였다. 거기까지는 두 사람에게 있어서 별로 다를 바가 없다. 그런데 그 '야구공으로서'라는 경험의 성격과 내용은 그 꼬마와 꼬마의 친구에게 있어서 매우 큰 차이가 있다. 야구공을 본 꼬마는 어릴 적 신났던 기분이 되살아나 환하게 웃으며 그 야구공을 주워 들 것이다. 반면에 꼬마의 친구는 어릴 적 괴로운 기억이 떠올라서 그 야구공을 외면하고 그냥 서둘러 지나칠 것이다. 이러한 차이는 어디에서 오는 것일까? 적어도 '~로서'라는 방식으로 우리에게 드러나는 존재 자체에서 오는 것은 아닐 것이다.

~

존재가 '~로서'의 방식으로 현존재에 자신을 드러내는 것과는 별도로, 현존재는 그것을 나름의 의미가 덧붙은 '~로서'로 경험하게 된다. 그렇게 되는 이유는 현존재, 즉 존재가 자신을 드러내는 장소인 우리 각자가 살아온 과정과 현재 처해 있는 상황이 모두 다 다르기 때문이다.

깊은 사랑에 빠진 어떤 남녀가 있다. 그들은 약혼을 했고 그 징표로 두 사람 모두 약혼 반지를 끼었다. 그들에게 그 반지는 그 자체로서 사랑과 행복을 의미했다. 그러던 어느 날, 어떤 이유로 서로 헤어지게 되고 말았고 두 사람 모두 그 반지를 각자의 책상 서랍에 넣어 둔 채 까맣게 잊고 있었다. 그러다가 시간이 한참 흐른 뒤에 우연히 책상을 정리하다가 반지를 다시 보게 되었다. 그들은 물론 그것을 일차적으로 '반지로서' 경험하게 될 것이다. 그럼에도 불구하고 그냥 그것으로만 그치게 될까?

다른 예를 한 가지 더 들어 보도록 하자. 몹시 허기지고 지쳐서 집에 돌아왔는데, 마침 탁자 위에 라면이 한 개 놓여 있었다. 그때의 반가움은 아마도 말로 다 표현하기 어려울 것이다. 또 이런 경우도 있다. 분식집에서 라면을 먹고 어쩐 일인지 심한 복통과 설사에 시달리게 되었다. 그래서 병원에 가서 치료를 받은 다음 몹시 지쳐서 집에 들어왔는데, 마침 탁자 위에 라면이 한 개 놓여 있었다. 이 두 가지 경우 모두 그것은 우선 '라면으로서' 경험될 것이고, 그런 면에서 보면 별다른 차이가 없어 보인다. 그럼에도 불구하고 그 두 사람에게 있어서 그 라면이 정말로 같은 라면으로 보일까?

우리가 어떤 기분도 어떤 분위기도 없이 완전히 '중립적'으로 있을 수 있을까? 우리가 어떤 기분으로부터도 어떤 분위기로부터도 벗어나 완전히 '독립적'으로 있을 수 있을까? 전혀 그렇지 않다. 우리는 언제나 '어떤 기분', '어떤 분위기'와 같은 특정한 상황 속에 있을 수밖에 없다.

우리의 이 같은 특성에 '현존재인 우리는 존재가 드러나는 장소와 같다'는 점을 더하여 생각해 보기로 하자. 그렇다면 이 모든 이야기를 종합해서 우리가 내릴 수 있는 결론은 무엇인가? 바로 이런 것이 아닐까?

현존재로서 우리는 '~로서'의 방식으로 자신을 드러내는 존재를 그때그때 각각의 상황 속에서 경험하는 그런 존재이다.

5

존재와 현상

우리가 지금까지 했던 이야기를 간추려 본다면 대충 이렇게 정리될 수 있을 것 같다. 의식과 대상의 관계로부터 인식의 성격을 추론

해 보았으며, 그 과정에서 의식에 나타난 인식이 사실은 '현상'임을 알게 되었다. 또한 하이데거는 현상에 대해서 이전과는 크게 다른 관점을 가지고 있었는데, 그의 견해에 따르면 현상이란 존재가 현존 재인 우리에게 '~로서' 자신을 드러낼 때 우리가 하게 되는 경험 그 자체였다.

이 과정에서 등장하는 개념들은 사실 우리에게는 너무 낯선 것들이라서, 많은 사람들이 자신도 알지 못하는 사이에 하이데거의 견해에 대해, 특히 '존재의 성격'을 밝히는 부분에서 커다란 오해에 빠지곤 한다. 그런 불상사를 방지하기 위하여 여기에서 잠시 이야기를 멈추고, 그런 오해가 왜 발생하며 어떤 결과를 초래하게 되는지 살펴보기로 하자. 우선 앞에서 했던 이야기들 중에서 줄거리가 될 만한 몇 가지를 여기에 그대로 옮겨 놓아 보겠다.

의식에 나타난 인식을 다른 말로 '현상'이라고 한다. 현상이라는 말을 별도로 쓰는 이유는 대상이라는 말 때문에 발생하는 오해를 피하기 위해서이다. 학문(인식론)의 영역에서 대상이라는 말은 '의식 밖에 있는 어떤 것'을 뜻한다.

대상에 대해서 우리는 이미 그것이 전혀 무의미한 개념에 불과하다는 사실을 여러 과정을 거쳐 확인한 바 있다. 우리는 우리 의식에 나타나는 인식, 즉 현상을 경험할 뿐이다.

하이데거는 현상이 우리의 의식에 드러나는 것을 '존재가 자신을 드러내는 것'이라고 생각했다.

존재는 자신을 드러내고, 우리의 의식은 그렇게 드러나는 존재를 경험한다. 그러므로 우리의 의식은 존재를 경험하는 의식이다.

이런 내용을 바탕으로 한 가지 물음을 던져 보겠다.

존재는 어디에 있는가? 우리의 의식 밖에 있는가, 아니면 우리의 의식 안에 있는가?

만약 존재가 '우리 의식 밖에 있다가 우리 의식 안에 현상으로 드러나는 어떤 것'이라고 한다면, 그것이 대상과 다른 점은 무엇인가? 전혀 없다(존재가 바로 '존재'라는 대상이 되어 버리기 때문이다)! 여기가 바로 하이데거에 대한 논의에 있어서 많은 사람들이 자신도 모르는 사이에 빠져 버리는 일종의 '샛길'이다.

'하이데거의 이야기를 따라가 보았더니, 그가 말하는 존재는 우리 의식 밖에 있는 원본과 같고, 그렇다면 우리의 의식에 나타난 현상은 결국 사본이라는 말이 되는데, 도대체 이전과 달라진 것이 무엇이라는 말인가?'

혹시라도 이런 생각이 들기 시작한다면, 이제 어떻게 해야 할까? 꽤나 막막해 보이기는 하지만 사실 해결책은 아주 가까운 곳에 있다. 앞에서 우리는 대상과 현상의 개념적 차이를 모를 경우 겪게 되는 혼란에 대해서도 이야기를 했었다. 지금도 그것과 거의 같은 내용의 문제이다. 그러니 그때 적용했던 해법을 이번에도 그대로 활용해 보기로 하자.

> (우리의 의식 밖에) '대상'이 있는가? 물론 없다! 그렇다면 실제로 있는 것은 무엇인가?
> 우리 의식이 경험하는 '현상'뿐이다.

이제 여기에 '대상'이라는 말 대신에 '존재'라는 말을 넣어 보기로 하자.

> (우리의 의식 밖에) '존재'가 있는가? 물론 없다! 그렇다면 실제로 있는 것은 무엇인가?
> 우리 의식이 경험하는 '현상'뿐이다.

우리의 의식 밖에 어떤 실체로서의 존재는 없다. 실제로 있는 것은 우리 의식이 경험하는 현상뿐이다. 그렇다면 하이데거는 왜 굳이 '존재'라는 말을 써 가면서 우리를 이렇게 혼란스럽게 만들고 있는 것일까?

오직 개념적인 차원에서만 따져 보자면, '존재 없이는 현상도 없다.' (원인 없는 결과가 어떻게 가능하겠는가?) 현상이라는 결과를 설명하기 위해서는 그 원인으로서 존재라는 개념이 반드시 필요하다. 이것이 바로 하이데거의 견해를 이해하는 데 있어서 존재 개념이 중요한 이유이다. 이러한 내용을 고려해서 ―다소 어색하기는 하지만― 색다른 시도를 한번 해 보기로 하자. 우리 의식과 존재의 관계를 바탕으로 현상의 성격을 일종의 '식$_式$'으로 표현해 보는 것이다.

현상
= 우리 의식에 드러난 존재 + 현존재로서 우리 의식이 처해 있는 현재 상황과 과거의 경험

여기에서 존재라는 개념이 현상이라는 개념 안으로 녹아들면서 자연스럽게 자취를 감추게 되고, 현상이라는 개념은 '기능적으로' 존재라는 개념을 대신할 수 있게 된다. 그럼에도 불구하고 하이데거가 우리를 '현존재'로 규정하고 있는 것에 발을 맞춰, 적어도 지금 우리가 하고 있는 이야기에서는 '현상'보다 '존재'라는 말이 더 적합할 것이다. 그러므로 ―비록 정석에서 조금 벗어난 방식이기는 하지만― 이후로 혹시 '존재'라는 말이 다시 등장한다면, 그것은 어디까지나 '현존재라는 개념 때문에 생기는 불가피한 일'이라, 이 정도로 정리해 두고 넘어가는 것이 좋겠다.

제2장

모든 이해는 선입견을 바탕으로 한다: 가다머

1

학문적 지식과 진리의 문제

　존재를 경험하는 현존재로서 우리에게는 과거의 경험이 농축되어 있다. 그것을 현존재의 '역사성'이라고 하는데, 그렇게 보면 현존재인 우리는 역사성을 바탕으로 우리에게 드러나는 존재를 경험하고 있는 셈이다. 앞의 예에서처럼 야구에 대해서 아주 좋은 기억을 가지고 있는 꼬마도 있고, 반대로 야구에 대해서 아주 나쁜 기억을 가지고 있는 꼬마(의 친구)도 있다. 그렇게 우리 모두는 나름의 특유한 경험의 역사를 가지고 있다.

　지금 그 꼬마 혹은 꼬마의 친구가 '새로이 어떤 것을 경험했다'라고 한다면, 그 경험 역시 완전히 독립적으로 새롭게 발생한 어떤 것이 아니라, 그들의 지난날, 그 역사의 바탕 위에서 발생한 것이다. 만약 '그 역사의 바탕 위에서' 그들 중 누군가가 어떤 것을 '어느 누구라도 동의할 수 있는' 형식으로 정리를 했다고 해 보자. 또한 실제로 그 정리에 대해서 모두가 동의할 수 있게 되었다고 해 보자. 그런 것들이 바로 학문(적 지식)으로 자리를 잡은 것이 아니고 무엇이겠는가?

여기까지가 하이데거의 생각을 바탕으로 우리가 나누었던 이야기를 짧게 간추린 내용이다. 가다머는 그의 스승이었던 하이데거의 생각을 거의 그대로 이어받는 동시에, 계속해서 앞으로 밀고 나가 보려 했다. 그런 과정에서 가다머는 다음과 같은 문제에 맞닥뜨리게 된다.

그렇게 해서 나온 '학문적 지식'은 과연 진리가 될 수 있는가?'

결코 쉽지 않은 물음이다. 그래서 그 물음에 대한 답을 찾으려고 가다머가 했던 작업도 무척이나 복잡했다. 그 복잡한 작업이 그대로 반영되어 있는 책이 바로 『진리와 방법 *Wahrheit und Methode*』인데, 그 책의 발간을 계기로 가다머는 당대의 걸출한 스타 학자 중 한 명으로 발돋움하게 된다. 당시에 그 책의 등장이 갖는 의미, 그것을 우리가 하고 있는 이야기를 배경으로 표현해 보자면 대충 이러할 것이다.

인문학이 객관성 문제 때문에 곤욕을 치르고 있는 동안, 인문학을 위기에서 구해 낼 한 줄기의 빛이 드디어 학계를 비추게 되었다.

　『진리와 방법』의 내용은 매우 복잡할 뿐만 아니라 상당히 파격적이어서, 짧은 시간 안에 그 책의 전체적인 내용을 정확하게 이해하기란 대단히 어려운 일이다. 그래서 초창기에는 전문가들 사이에서조차 해석이 분분했고 이런저런 논란이 끊이지 않았다.[9] 상황이 그러하니 우리가 『진리와 방법』에 언급된 내용 하나하나를 꼼꼼하게 따져 보면서 그 모두를 정확하게 이해하려 한다면, 아마도 평생이 걸릴 만큼 많은 시간이 필요할지도 모르겠다. 그럼에도 불구하고 가다머가 다루고자 했던 핵심적인 문제는 이미 분명하게 제시되어 있으며, 거기에서부터 조금씩 조금씩 차분하게 따져 나가다 보면, 우리는 『진리와 방법』에 담긴 가다머의 생각을 비교적 수월하게 이해할 수 있게 될 것이다.

　'진리란 무엇일까?' 복잡하게 생각하면 너무나 복잡하고 간단하게 생각하면 너무나 간단한 문제이다. 그러니 우리는 복잡한 생각을 과감하게 떨쳐 버리고 간단한 방식으로 이야기를 진행해 보기로 하자. 우선 '맞음과 틀림'을 생각한다면 진리는 맞음이어야 한다. '진짜와 가짜'를 생각한다면 진리는 진짜이어야 한다. 그러므로 진리는 '틀림없이 맞는 것, 가짜가 아니라 진짜인 것'이다. 그런데 진리라는

[9]　그랬던 탓인지 그 책이 우리나라에 소개되고 본격적으로 논의되기 시작한 것은 독일에서 책이 출간된 지 약 30여 년이 지난 1990년대에 들어서였다. 그때는 이미 가다머로 인해 촉발된 논란이 유럽과 전 세계 곳곳으로 퍼져 있던 때였다.

말 자체가 가지고 있는 무게감 때문에 은근히 이런 불안한 마음이 생길는지도 모르겠다. '겨우 이 정도 선에서 진리를 정의하는 것은 지나친 타협이 아닐까?'

전문 학자가 아니라고 한다면, 이쯤에서 그쳐도 크게 문제될 것은 없다. 사실 약간의 전문성을 발휘해 본다 한들, 그 이상의 다른 '거리'를 찾기도 별로 마땅치 않을 것이다. 그럼에도 불구하고 반드시 따져 보고 넘어가야 할 문제들이 없는 것은 아닌데, 그것들 중에서 우리에게 꼭 필요한 한 가지만 골라내서 조금만 더 자세하게 살펴보기로 하자.

진리에 관한 한, 정도의 차이는 전혀 고려의 대상이 아니다.

'상대적으로 옳다'거나 혹은 '비교적 진짜에 가깝다'거나, 이런 말은 절대로 통하지 않는다. '참이 아니면 거짓, 진짜 아니면 가짜' 이와 같이 무조건 둘 중에 하나라는 뜻이다. 물론 이것은 일상적인 논리의 차원에서 보면 일종의 오류에 속하는 모양새를 하고 있다.[10] 그

---

[10] 소위 말하는 '흑백논리의 오류'를 말한다. 흑백논리의 오류는 중간(항)을 인정하지 않고, 양쪽 극단에만 치우쳐 있는 경우에 발생한다. 예를 들자면 이런 경우가 전형적인 흑백논리에 해당한다. 미국의 고위 관료가 이렇게 말한 적이 있다고 한다. '미국에 협조하지 않는 나라는 모두 미국의 적이다.' 하지만 미국뿐만 아니라 어떤 나라에도 협조하지 않고 철저하게 중립을 지키는 나라들도 있다. 또한 협조는 사안에 따라 다르게 판단해야 할 문제이다. 다른 나라들의 입장에서 본다면 미국에 협조해야 일은 협조할 것이며 그럴 수 없는 일은 협조하지 않을 것이다. 그때마다 그 나라들이 갑자기 미국의 친구가 되었다가 또 갑자기 적이 되었다가 하는 것일까?

러나 진리에 관한 한, 그것은 전혀 오류라고 볼 수 없다.

예를 들어서 순금 99.9999%의 경우, 그것은 일상적인 차원에서 두말할 나위 없이 진짜 순금일 것이다. 하지만 진리를 따지는 차원에서 보면, 절대로 진짜 순금으로 인정될 수 없다. '99.' 뒤에 9를 얼마나 많이 붙이든 상관이 없다. 100%가 아니라면 어쨌든 가짜 순금이며, 그렇기 때문에 진리냐 아니냐를 따지는 상황이라고 한다면, 그것은 결과적으로 순금 0%와 다를 바가 없다는 것이다.

예를 한 가지만 더 들어 보기로 하자. 세계에서 가장 유능한 첩보원 중 한 명인 007-1이 임무를 수행하다가 어떤 건물 안에 갇히게 되었다. 그 건물 안에는 시한폭탄이 작동 중이었는데 정해진 시간 안에 폭탄을 찾아서 해체하지 못한다면, 007-1은 그 건물에 갇힌 많은 사람들과 함께 죽게 될 상황이었다. 필사적으로 폭탄을 찾아 헤매던 007-1은 마침내 그 폭탄을 발견하고 즉시 해체 작업에 돌입했다. 그러나 안타깝게도 007-1의 작업은 아주 간발의 차이로 늦어서 결국 폭탄은 폭발하고 말았다. 시간으로 따져 보니 불과 0.0001초 늦었을 뿐이다.

만약에 007-1이 더도 말고 0.0001초만 빨랐다고 한다면 어땠을까? 물론 그는 자신도 살았을 뿐만 아니라 이번에도 많은 사람들을 살려서 다시 한번 영웅으로서 완벽한 해피엔딩을 경험할 수 있었을 것이다. 그런데 이 영화를 만든 감독은 마음이 매우 약한 사람이라 다음과 같은 말도 안 되는 결정을 내리고 말았다. '0.0001초라고? 아, 이건 정말로 작은 차이다. 실패라고 하기에는 너무나 아까우니,

비록 시간은 지나갔지만 폭탄을 터뜨리지 말고 그냥 해피엔딩으로 마무리를 해 버리자.' 만약 그렇게 한다면, 이 영화는 어떻게 되겠는가? 두말할 필요도 없이 개봉과 동시에 완전히 망하고 말 것이다. '0.' 뒤에 0이 몇 개가 더 붙든지 그것은 전혀 상관이 없다. 이 영화를 만든 감독이 생각하듯 '겨우 0.0001초 차이'였음에도 불구하고, 어쨌든 늦은 것은 늦은 것이고, 늦었으니 폭탄은 터져야 한다는 것이다.

〜

진리는 왜 중요한 것일까? 한 가지 확실한 것은 진리가 '늘' 중요한 것은 아니라는 사실이다. 그런 것 없이도 살아가는 데는 아무런 지장이 없다. 일상적인 차원에서 99.9999% 정도면 더할 나위 없이 훌륭하다 할 수 있겠고, 0.0001초 정도의 차이는 무시해 버려도 아무 상관이 없다. 하지만 학문의 차원에서는 이야기가 완전히 달라진다. 아무리 작은 차이라 하더라도 아닌 것은 무조건 아닌 것이다. 특히 학문에 있어서 출발점의 역할은 매우 중요하다. 그것에 아주 작은 문제라도 있다고 한다면, 그것에서 출발한 모든 것들은 결국 어떻게 되겠는가?

과학이 현재보다 훨씬 발달하여 우주여행이 얼마든지 가능해진 먼 미래를 상상해 보자. 지금 우리는 다른 행성을 향하여 수백 광년을 날아가고 있는 중이다. 그런데 출발 전에 아주 미세한 계산 착오가 생겼고, 불행히도 우리들 중에서 아무도 그것을 알아챈 사람이 없었다. 우주선은 처음 계산대로 계속해서 날아가고 있으며 우리 모두는 수면 캡슐 안에 깊이 잠들어 있다. 그렇게 예정된 시간이 다 흐르고 잠에서 깨어난다면, 그때 우리가 우주선 밖에서 보게 될 것은 과연 무엇일까?

학문의 출발점에 문제가 있어서는 안 된다. 그 출발점은 아주 예민한 건축물의 토대나 기반과 같아서, 만약 그것에 문제가 있다고 한다면, 그 문제가 아무리 작은 것이라 하더라도 그것으로부터 얻어낸 결과물은 결국 참담하게 붕괴하고 말 것이다. 그러니 학문의 출발점은 어떠한 곳이어야 하겠는가? 다시 말해서, 학문의 토대나 기반이 되는 것은 어떠해야 하겠는가? 그것은 반드시 이런 것이어야 할 것이다.

틀림이 없이 맞는 것, 가짜가 아니라 진짜인 것.

그렇다. 바로 진리이다. 진리에서 출발하지 않으면, 진리에 토대를 두지 않으면, 그 결과물은 '틀림이 있거나 가짜일' 가능성에서 절대로 자유롭지 못하다. 그런 가능성을 잘 알고 있기 때문에 우리는 학문에 있어서 진리의 문제를 그토록 절박하게 여기지 않을 수 없는 것이다.

2

현상 경험과 이해

앞에서 우리는 우리 자신이 현상을 경험하는 의식임을 살펴보았다. 우리의 의식은 각각의 특유한 경험의 역사를 가지고 있으며, 현상의 경험은 바로 그런 역사성을 바탕으로 이루어지게 된다. 한편으로 우리의 의식이 현상을 경험하는 것, 그것은 곧 현존재인 우리가 우리에게 드러나는 존재를 경험하는 것과 같은 맥락의 이야기였다. 여기에서 현존재 역시 역사성을 갖는다는 것은 두말할 나위도 없다. 그러므로 우리 자신을 현존재로 규정한다면, 그 안에는 이미 '우리 각자의 현상 경험이 어떤 면에서든 모두 다르게 이루어진다'는 내용이 전제되어 있는 것이다.

상황이 그렇다고 한다면, 우리 중 누군가가 자신이 했던 현상 경험을 '어느 누구라도 동의할 수 있는' 형식으로 이야기하려 한들, 다른 누군가가 어떻게 그 이야기 속 경험을 '틀림이 없이 맞는 것, 가짜가 아니라 진짜인 것'이라 확신할 수 있을까? 다시 말해서, 경험의 역사가 모두 다 다를 수밖에 없는 우리의 의식이 ―더구나 그것이 정확하게 어떻게 다른지조차 알 수 없는 상황에서― 했던 현상 경험이라면, 그리고 그런 경험에 대한 학문적 접근이라면, 그런 과정을 거친 결과물을 어떻게 '순도 100%의 진짜'라고 단정할 수 있겠는가? 순도 100%의 진짜가 되기 위해서라면, 우리의 경험은 반드시 이러한 방식으로 이루어져야 한다.

> 우리 의식은 우리 의식의 외부에 있는 어떤 것을 —무엇인가가
> 조금이라도 덧붙어서도 안 되고, 무엇인가가 조금이라도 빠져서도
> 안 되는— '있는 그대로' 경험할 수 있어야 한다.

그런 100% 순수한 경험이 출발점이라고 한다면, 그때서야 비로소 우리는 '진리를 출발점으로 학문을 한다'고 말할 수 있을 것이다. 그러나 우리 의식의 특성상 그런 일은 처음부터 불가능하다. 우리 의식의 역사성을 고려한다면, 우리 의식이 현상을 경험한다는 것은 결코 '우리 의식이, 우리 의식의 외부에 있는 어떤 것을 있는 그대로 경험한다'는 의미가 아니기 때문이다.

순서를 따져 보자면, 학문이 시작되는 최초의 출발점은 우리 의식의 입장에서는 현상 경험, 혹은 현존재의 입장에서는 존재 경험이다. 그런데 현상 경험이든 존재 경험이든 그 모두는 애초부터 —대상에 대한— '있는 그대로의 100% 순수한 경험'의 가능성을 완전히 배제하고 있다. 그리고 그러한 사실로부터 출발하는 모든 것들은 언제나 다음과 같은 불편한 이야기로 귀결되기 마련이다.

> 학문은 (그런 식의) 진리와는 태생적으로 다른 세계에 속해 있다.

이야기가 참으로 곤란해지고 말았다. '학문의 목적은 진리의 추

구이다.' 우리는 보통 그렇게들 말하고 받아들인다. 그렇다고 한다면 지금 우리는 도대체 무엇을 하고 있는 것인가? 학문적 차원에서 뭔가를 한다고 하면서, 정작 그것은 진리와는 다른 세계에 속해 있다고?

학문이라는 개념이 생긴 이래로 이 문제는 많은 학자들을 지속적으로 괴롭혀 왔다. 학문의 역사와 함께 다양한 모습으로 변모하면서 많은 혼란을 낳았으며, 특히 인식이론이 대두된 근대는 그 문제에 대한 혼란과 고민이 정점에 이른 시기라 할 수 있다. 그랬던 것이 하이데거와 같은 탁월한 학자를 거치면서 점차로 문제 해결의 실마리를 찾아가게 되는데, 그것이 가능했던 이유는 그때에 이르러서야 비로소 '문제의 원인이 어디에 있는가?'를 제대로 보기 시작했기 때문이다. 그리고 지금 가다머는 그의 스승 하이데거가 마련해 준 실마리를 일종의 해결책으로 연결시키려 하고 있는 것이다.

가다머의 학문적 배경과 입장을 파악하기 위해서, 우리는 지금까지 이러한 과정을 밟아 왔다. 우리 의식 밖의 대상과 의식 안의 인식 사이의 불일치는 현상이라는 개념 안으로 통합될 수 있었다. 현상 경험은 한편으로, 현존재인 우리가 우리에게 드러나는 존재를 경험하는 것으로 볼 수 있었는데, 여기에서 존재 개념은 현상의 원인 역할을 하는 동시에 대상이 갖는 한계를 극복하는 계기가 되었다. 이것으로 인식이론에 담긴 문제들은 사실상 모두 해소된 것으로 보아도 무방할 것이다.

우리가 현상이라는 개념을 통해서 속시원한 해결책을 경험했던 그곳, 우리는 바로 그곳에서 또 다른 난관을 만나게 된다. 그것은 바로 현상 개념이 진리의 순수성을 훼손할 수도 있다는 매우 합리적인 의심이었다. 그로 인해 우리는 불가피하게 이런 식의 잠정적인 결론을 내려놓고 일단 숨을 고르고 있는 중이었다.

현상을 출발점으로 하는 학문은 결코 진리에 도달할 수 없다.

가다머는 현존재의 역사성과 진리의 순수성 사이의 갈등을 이론적인 차원에서 해소시켜 보려 한다. 거듭해서 확인하거니와 지금 다루는 문제의 핵심은 이러한 것이다. 현존재의 역사성은 현존재인 우리가 '각자의 특유한 경험의 역사'를 가지고 있다는 것을 의미하며, 현상이라는 개념 안에도 이미 그런 특유한 경험의 역사가 반영되어 있다. 그러므로 현상으로부터 출발하는 학문은 그 때문에 절대로 순수하지 못하며, 같은 이유로 현존재 역시 진리와는 필연적으로 거리가 있을 수밖에 없다. 그러나 가다머는 우리 각자의 특유한 경험의 역사가 현상을 구성하는 필수적인 요소라는 점에서 오히려 그것의 긍정적인 역할에 주목한다.

가다머가 주목했던 역사성의 긍정적인 역할은 이러한 것이었다. 우리 각자의 특유한 경험의 역사로서 역사성, 그 역사성의 바탕 위에 존재가 자신을 드러내면, 우리는 그렇게 드러나는 존재를 '~로서' 경험하게 된다. 만약 우리 의식에 역사성이 없다고 한다면, 존재는 우리에게 특정한 '~로서'의 방식으로 경험될 수 없을 것이다.

이러한 과정을 거꾸로 거슬러 올라가면서 따져 본다면, 아마도 이런 이야기로 정리될 수 있을 것이다. 존재가 우리에게 '~로서' 경험될 수 있기 위해서는 우리는 이미 특정한 시각을 가지고 있어야 하며, 그 특정한 시각은 각자의 특유한 경험의 역사로부터 비롯된 것이다. '반드시 그래야만' 비로소 우리에게 '~로서'의 경험이 가능할 것이다.

~

앞에서 나온 꼬마와 꼬마의 친구 이야기를 조금 더 해 보기로 하자. 그 꼬마와 꼬마의 친구는 다양한 경험을 하면서 성장했다. 그들에게는 지나온 세월만큼 많은 경험이 쌓여 있다. 그중에 어떤 것은 야구와 직접 관련이 있을 것이고 어떤 것은 별로 관련이 없을 것이다. 어찌 되었든 간에 그들이 했던 경험 모두는 그들 안에 어떤 특정한 시각을 형성하는 일종의 재료가 된다. 그렇게 형성된 시각을 바탕으로 그들은 어떤 것을 특정한 '~로서' 경험하게 되는 것이다. 야구공(이라는 것)이 꼬마와 꼬마의 친구에게 매번 특정한 '야구공으로서' 드러나는 것도 그런 과정이 앞서 있어야 가능한 일이다. 다시 말하면 이렇다.

우리의 시각은 우리들 각각의 특유한 경험을 바탕으로 형성되며, 그러한 특정한 시각의 바탕 위에서 비로소 어떤 것이 특정한

58

'~로서' 경험되게 된다.

만약 그 꼬마와 꼬마의 친구가 태어나면서부터 잠들어 있었고, 그렇게 수십 년이 흘러 (몸만) 성인이 된 다음에 갑자기 잠에서 깨어났다고 가정해 보자. 그래서 그동안 그들에게는 아무런 경험도 없었고 당연히 어떤 특정한 시각이 형성되지도 못했을 것이다. 그렇게 아무 것도 없는 상태에서 갑자기 깨어났고, 깨어나자마자 야구공을 보게 되었다. 그렇다고 한다면 그것이 '야구공으로서' 경험될 수 있을까? 결코 그럴 수는 없을 것이다. 야구공뿐만 아니라 눈앞에 보이는 그 어떤 것도 그들에게 특정한 '~로서' 경험될 수 없을 것이다.

가다머는 역사성을 바탕으로 이루어지는 우리의 현상 경험을 '이해'라는 말로 바꾸어 이렇게 표현했다.

"우리에게서 이해가 발생한다."

여기에서 가다머가 '이해한다'고 하지 않고, 굳이 '이해가 발생한다'라고 표현한 것은 분명한 이유가 있어서였다. 그것은 바로 이러한 점을 확실하게 해 두려는 의도였다.

이해가 '우리의 의지와 무관하게' 발생하고, 그렇게 발생한 이해를 '우리는 단지 경험할 뿐'이다.

그렇게 보면 우리의 입장에서 이해는 매우 수동적으로 경험하게 되는 일종의 '사건'인 셈이다.

이해는 한편으로 존재가 현존재인 우리에게 드러나고 현존재로서 그렇게 드러나는 존재를 우리가 경험하는 사건이기도 하다. 여기에서 이해를 경험하는 현존재는 언제나 '역사성'을 바탕으로 하고 있는데, 물론 다음과 같은 내용으로 귀결될 것이다.

이해가 발생할 때는 언제나 나에게 이미 형성되어 있는 '특정한 시각'이 작용한다.

우리의 의식에 드러나는 어떤 것, 그리고 그것에 작용하는 우리의 특정한 시각, 그 결과로서 우리의 의식에 '이해'가 발생한다. 그 말은 존재가 내게 드러나기 이전에 나는 이미 어떤 특정한 시각을 가지고 있다는 뜻이다. 존재의 드러남을 한쪽 손이라고 한다면, 나의 특정한 시각은 다른 쪽 손에 해당한다. 이해란 마치 그 두 손이 마주칠 때 나는 박수 소리와 같은 것이다. 만약 그 두 쪽 중에서 어떤 이유로든 어느 한쪽이 작용하지 않는다면 ─절대로 박수 소리가 날 수 없는 것과 마찬가지로─ 이해는 결코 발생할 수 없다.

이해 발생의 한쪽 손으로서 '나의 특정한 시각'의 구체적인 역할과 의미는 다음과 같은 물음에 대한 답을 찾는 과정에서도 확인할 수 있다.

'완전히 중립적인 시각'이 있을 수 있을까?

이따금 우리는 '색안경을 끼고 보지 말라' 말하곤 한다. 그 말의 의미는 '편견을 가지지 말고 중립적인 시각을 유지하라'는 것이다. 그런데 여기에서 말하는 중립적인 시각이란 주로 일상적인 차원에 속하는 것으로서, 그런 경우라면 '상대적인' 혹은 '비교적인' 중립성 정도면 충분할 것이다.

반면에 엄격하고 엄밀한 수준의 중립적인 시각을 요구하는 경우, 예를 들어서 '학문적인 차원'에서의 중립성이라고 한다면, 확실히 그런 정도로는 곤란할 것이다. 다시 말해서, 완전히 중립적인 시각이 아니라고 한다면, 학문적인 차원에서 요구하는 정도에는 미치지 못할 것이라는 말이다. 문제는 우리에게 과연 '그 정도로 중립적인 시각을 확보할 방법이 있는가?' 하는 것이다.

'현존재가 경험하는 이해', 이런 관점에서 살펴보면 우리는 어떤 경우에도 '색안경'을 벗을 수 없다. 앞서 살펴본 바와 같이, 이해가 발생할 때는 언제나 우리에게 이미 형성되어 있는 '특정한 시각'이 작용하기 때문이다. 그럼에도 불구하고 만약 누군가 우리에게 '색안경을 벗어 던지라'고 말한다면, 그 말이 실제로 의미하는 바는 무엇인가? 그것은 '현존재로서 우리 개인의 역사성을 스스로 벗어 던지라' 말하는 것과 같다. 더 쉽게 말해서, 그 말은 '우리의 과거 경험을 모두 다 없애 버려라'고 말하는 것이다. 우리들 중에서 누가 과연 그렇게 할 수 있을까?

3

이해와 선입견

　현존재는 이해를 경험하는 존재이며, 그것은 곧 우리가 '이해하는 존재'라는 말이 된다.[11] 또한 현존재의 특성으로부터 우리는 이해의 발생에 우리에게 이미 형성되어 있는 특정한 시각이 작용하고 있음을 알 수 있었다. 가다머는 그런 특정한 시각을 '앞선 판단'이라 했는데, 그 말에 담긴 내용은 이러하다.

　　우리에게서 이해가 발생할 때, 우리 의식은 백지와 같은 상태에 있는 것이 아니라, 이미 어떤 판단을 가지고 있다. 그렇게 우리는 앞선 판단의 기반 위에서 (발생하는) 이해를 경험하게 되는 것이다.

　특정한 시각을 가지고 이해한다는 것, 혹은 이미 어떤 판단을 가지고 이해한다는 것, 따지고 보면 결국 선입견을 가지고 이해한다는 말이 된다. 그럴 경우 '우리가 이해하는 존재'라는 말 안에는 상당히 곤란한 내용이 따라붙게 된다.

---

[11]　우리는 어느 한 순간만 현존재이거나 어느 한 순간만 이해를 경험하는 것이 아니다. 그러므로 우리는 늘 이해를 경험하는 존재, 즉 '이해하는 존재'인 것이다.

우리는 언제나 선입견을 가지고 어떤 것을 이해한다.

이야기가 조금 이상한 방향으로 흘러가고 있는 것 같다. 선입견은 나쁜 것이니 없애 버릴 수 있으면 없애 버려야 할 것이고, 그게 안 된다면 어떻게든 피하기라도 해야 하는 것 아닌가? 그런데도 가다머는 지금 '선입견이 없이는 이해도 없다'라는 식의 선뜻 납득하기 어려운 이야기를 하고 있는 것이다. 더욱 심각한 것은 그것이 우리의 존재와 관련된 것이기 때문에, 우리로서는 절대로 피할 수 없는 숙명과도 같다는 점이다.

결론부터 말하자면, 여기에서 말하는 선입견은 우리가 흔히 생각하는 것과는 다르게 나쁜 것이 아니다. 가다머에게 있어서 선입견은 단지 우리가 '역사성을 가진 존재'라는 간단하고도 명료한 의미를 담고 있을 뿐이다. 조금 더 풀어서 말해 보자면, 우리 모두가 나름의 '삶의 역사'를 가지고 있으며, 그 역사의 바탕 위에서 이해가 발생한다는 것이다.[12]

앞서 충분하게 이야기했던 바와 같이, 역사성은 어떤 것이 우리에게 특정한 '~로서' 드러나기 위한 필수 조건이었다. 이 내용은 가다머가 말하는 선입견 개념에도 그대로 적용된다. 우리의 삶의 역사가 누적되어 있는 것이 다름 아닌 선입견이며, 바로 그 선입견

---

[12] 그런 면에서 보면 나쁜 것은 '편견'이다. 일상적으로 선입견은 편견과 비슷한 의미로 쓰이는 경우가 대부분이다. 반면에 가다머가 말하는 선입견에는 그런 부정적인 의미가 전혀 들어가 있지 않다.

의 바탕 위에서 어떤 것이 비로소 특정한 '~로서' 드러나게 되는 것이다.

지금까지 이야기를 나누면서 때로는 직접적으로, 때로는 간접적으로 계속해서 우리를 불편하게 하는 것이 있었다. 바로 '진리'라는 개념이 완전한 순수성을 전제한다는 부담이었다. 그런 부담은 근대의 인식이론에서는 물론이고 하이데거 이야기를 거쳐 가다머 이야기에 접어들기까지 우리를 정말로 끈질기게 괴롭혀 왔다. 우리의 머릿속에는 이러한 속삭임이 끊임없이 맴돌았을 것이다.

'만약 우리가 어떻게든 불순물(선입견)을 제거해 버릴 수만 있다면, 정말로 순수한 어떤 것을 알 수 있지 않을까? 그렇게만 할 수 있다면, 진리를 발견하는 것과 같을 것이다.'

계속해서 반복되는 이야기일 뿐이다. '선입견이 어떤 것을 오염시킨다'고 생각한다면, 그 '어떤 것'은 진짜나 원본이 되는 셈이고, 우리의 의식에 있는 것은 ―선입견의 때가 묻은― 가짜나 사본이 될 것이다.[13] 그러나 우리는 이미 '현상'을 최초의 출발점으로 삼기로 했으며, 그것을 '이해'라는 개념으로 정리해 준 가다머 덕분에 '대상'과 뒤얽힌 이야기들과는 말끔하게 결별할 수 있었다.

[13] 그렇다면 그것은 '우리 의식 외부에 대상이 있고, 우리의 의식이 그 대상을 인식하는 것이다'라는 말과 무엇이 다를까?

어떤 것이 우리에게 특정한 '~로서' 드러나는 것을 '이해'라고 한다면, 이해가 가능하기 위해서는 반드시 선입견이 작용해야만 한다. 그럼에도 불구하고 우리가 굳이 이해로부터 선입견을 분리하겠다고 고집한다면, 그것은 우리 스스로 우리의 존재를 거스르려는 어리석음에 불과할 것이다. 선입견은 우리 자신으로부터 절대로 분리될 수 없다. 그것이 바로 우리가 '이해하는 존재'라는 말에 담긴 의미이며, 또한 그것은 우리의 숙명적인 본질이다. 우리가 어떻게 우리의 숙명을 거스르며 본질을 벗어날 수 있을까?

'우리의 바깥에 대상이 있다.' 이것은 매우 당연하게 느껴지겠지만, 사실은 대단히 심각한 오해이다. 우리도 이제 그런 묵을 대로 묵은 오해와 완전히 결별해야 할 때가 되었다. 가다머가 말하듯, '우리는 이해하는 존재이다.' 바로 여기가 우리 이야기에서 가능한 단 하나의 출발점이다.

∽

처음에 우리는 대상이 있고 그것이 인식되는 과정을 일종의 '오염'으로 생각했었다. 대상을 좇아 인식에 묻은 때를 벗겨 내고, 대상의 순수성을 회복하는 것, 그것을 학문적 진리를 되찾는 길로 여겼다.

하이데거는 존재의 드러남과 드러난 존재에 대한 우리의 경험을 이야기함으로써 '대상이라는 망상이 주는 폐단'으로부터 벗어나는 발판을 마련했다. 그 과정에서 존재경험은 필연적으로 현존재의 역사성을 바탕으로 가능함이 드러났으며, 가다머는 그 모든 과정을 '이해'라는 말에 담아 풀어내면서 '선입견'이라는 다소 충격적인 개념을 내세웠다.

순서를 따져 보았을 때, 학문은 우선 이해가 발생한 다음에나 진행할 수 있는 '이해에 대한 숙고'의 성격을 갖는다. 특히 학문을 하는 것이 바로 우리 '사람'인 한, 이해에 대한 숙고는 마찬가지로 학문의 숙명적인 본질이 될 것이다. 우리가 이해하는 존재이기 때문에, 먼저 이해를 경험하고 그다음에 경험한 바를 학문적으로 반성하게 된다는 말이다.[14] 그런데 여기에서도 역시 이런 식의 의심이 뒤따라 나왔다.

'우리의 선입견은 우리에게 드러나는 것의 순수성을 훼손시키는 것이 아닌가?'

특히 그런 태도를 고집하는 기존의 관점에서 본다면, 가다머의 이야기는 상황을 악화시키다 못해서, 이제는 아예 파국의 도화선에 불을 붙이고 말겠다는 소리처럼 들릴 것이다.

우리의 이야기에서 실제로 유의미하며 실제로 가능한 출발점, 그

---

14 여기에서의 반성은 '잘못을 반성한다'는 뜻의 반성이 아니다. '학문적인 차원에서 잘 따져 본다' 정도의 의미로 받아들이면 좋을 것 같다.

것은 바로 우리 의식의 경험 그 자체였다. 여기에 앞선 것은 아무것도 없다. 또한, 경험하는 의식의 역사성을 고려했을 때, 그 경험은 바로 '이해'라는 사실이 드러났다. 이러한 과정을 되짚어 올라가 본다면, 대상의 순수성을 진리 개념에 연결시키고, 그것을 찾겠다고 고민했던 과거의 노력들이 얼마나 쓸데없는 고생이었는지 분명하게 드러날 것이다.

인식이론을 배경으로 하는 학문적 숙고란 무엇인가? 현상의 경험을 개념적으로 쪼개서 순수한 대상과 우리 의식의 역사성으로 나누고, 후자는 배제한 채 전자로만 어떻게 해 보겠다는 시도가 아니었던가? 그런데 학문적 숙고라는 것조차 결국은 사람이 하는 것이고, 사람의 숙명적인 본질 혹은 본질적인 숙명을 고려했을 때, 학문적 숙고를 하는 그 순간에도 우리 사람은 결코 이해를 벗어나 있을 수 없다. 우리가 이해하는 존재인 한, 학문적 숙고에도 의심의 여지없이 선입견이 작용하고 있을 것이다. 따라서 학문적 방법으로 현상을 조작하여 진리의 순수성을 회복하겠다는 노력과 시도는, 역설적이게도 '진정한 진리'로부터 오히려 점점 더 멀어지는 길이 되는 것이다.

4

지평융합과 언어적 대화

학문적 숙고가 오히려 진리로부터 멀어지는 결과를 초래한다면, 도대체 우리는 언제 어떻게 진리를 접할 수 있는 것일까? 실제로 가능성이 있는 후보는 오직 현상 경험, 즉 이해가 발생하는 순간뿐이다. 그 이전은 개념상의 과정에 불과하니 실제로는 없는 것과 마찬가지이고, 그 이후는 이미 발생한 이해에 대한 학문적 숙고라서 당연히 제외될 것이기 때문이다. 이와 같이 우리는 학문적인 방법으로 여러 가지 장애물을 극복하고 진리에 도달하여 그것이 무엇인지 알아내는 일에 완전히 실패했다. 하지만 가다머 덕에 우리는 우리가 이해하는 존재로서 '이해가 발생하는 그 순간'이 바로 우리가 진리를 경험하는 순간임을 알게 되었다.

가다머의 견해에 따르면, 이해는 곧 진리 경험이며 그것은 현존재로서 우리 존재 그 자체에 결부되어 있다. 그렇게 본다면 '이해하는 존재' 그 안에는 필연적으로 이러한 의미도 담겨 있게 된다.

> 우리가 이해하는 존재라고 한다면, 진리 경험은 우리가 살아가는 내내 우리에게서 계속해서 발생한다.

또한 그렇게 계속해서 이해가 발생하는 장소는 바로 우리, 구체적으로 우리의 의식이다. 이해의 발생이 진리 경험으로 연결된다면, 이 시점에서 이해와 우리의 의식의 관계에 대한 자세한 설명은 필수적인 일이 될 것이다. 가다머의 이야기를 계속해서 따라가 보기로 하자.

우리 의식이 역사성을 갖는다는 것, 이해와 관련해서 그것이 보여 주는 바는 이해가 선입견이라는 바탕 위에서 발생한다는 것이었다. 선입견은 그래서 이해 발생의 전제 조건, 혹은 이해의 근본적인 기반이 되는 셈이다. 가다머는 한편으로 그 기반을 지평地平이라 이름 붙이고, 이해가 발생할 때 지평이 하는 역할에 대해서 매우 심층적인 분석을 진행했다. 그 결과 그가 일차적으로 도달했던 결론은 이러한 것이었다.

> 이해란 서로 다른 두 지평이 융합하는 과정이며, 이해의 과정에서 우리는 바로 그러한 '지평융합'을 경험하는 것이다.[15]

일단 지평융합이 발생하면, 우리의 지평은 어떤 면에서든 이전과는 분명하게 달라진다. 그렇게 달라진 지평은 이어서 새로운 융합을 경험하게 된다. 이것은 우리가 이해하는 존재인 한, 우리에게서

---

[15] 가다머의 견해에 따르면, 이해는 지평융합의 결과이다. 하지만 이미 융합된 지평을 분해해서 그 각각의 원래 모습을 추적할 수는 없다. 그것은 이해하는 존재로서 우리가 이해의 발생과 경험을 중단하거나 거부할 수 없는 것과 마찬가지 이유에서이다. 이 모든 것들은 우리의 의도나 의지가 작용하는 범위 밖에서 일어나는 일이다.

끊임없이 일어나는 사건이다.

이해와 지평융합의 관계는 정확하게 어떤 것인가? 이해의 과정에서 지평융합은 구체적으로 어떻게 일어나는 것일까? 지금 당장은 무엇부터 어떻게 따져 봐야 하는 것인지, 사소한 실마리조차 보이지 않을 정도로 어려운 물음들이다. 그러나 '이해'라는 사건을 바라보는 가다머의 기본적인 시각을 이해한다면, 우리는 그 안에서 몇 가지 유용한 단서들을 찾아낼 수 있을 것이다. 그중에서도 가장 큰 도움이 될 만한 내용은 아마도 이런 것일 테다.

이해는 '대화'의 방식으로 발생한다.

그렇다면 지평융합은 대화 그 자체이거나, 아니면 대화와 동반해서 일어나는 어떤 작용일 것이다.

가다머의 말을 바탕으로 이야기를 다시 구성해 보기로 하자. 이해가 대화의 방식으로 발생한다면, 이해는 먼저 무엇인가가 우리에게, 즉 우리의 의식에게 말을 걸어오는 것으로부터 시작될 것이다. 그다음 그 '말 걸어옴'에 대해서 우리의 의식이 응답을 하게 되면, 바로 그때 '대화의 방식으로 이해가 발생했다'고 할 수 있을 것이다.

그렇게 이해가 발생하는 순간, 우리에게 말을 걸어왔던 그 '말'의 상황적인 배경도 함께 작용하게 되는데, 그것이 바로 융합하는 서로 다른 두 지평들 중의 하나이다.[16] 그리고 그렇게 작용하는 지평에 반응하는 다른 한쪽 편의 지평, 그것은 우리 의식이 기반하고 있는 선입견이다. 이처럼 말을 걸어오고 응답하는 대화의 과정과, 동시에 발생하는 두 지평의 융합, 이 모두를 아울러 가다머는 이해의 발생이라 생각하고 있는 것이다.

이해가 발생하는 과정에서 우리가 의식할 수 있는 것과 그렇지 않은 것을 분명하게 하는 일은 매우 중요하다. 왜냐하면, 전자는 우리의 의지가 반영될 수 있는 영역이고 후자는 그럴 수 없는 영역인데, 만약 어떤 것이 우리의 의지가 반영될 수 있는 영역에 속해 있다면, 우리는 그것에 얼마든지 조작을 가할 수 있기 때문이다. 예를 들어서 원치 않는 것이 들어 있다면 빼 버릴 수도 있겠고, 부족한 것이 있다면 다른 것을 채워 넣을 수도 있을 것이다.

누군가 우리에게 말을 걸어온다면, 그때 우리가 의식할 수 있는 것은 그 누군가가 하는 말 그 자체, 즉 '언어'이다. (그리고 정상적으로 이해가 발생한다면) 이때 우리가 의식할 수 없는 어떤 일도 동시에 발생하는데, 바로 지평들 사이에 발생하는 융합이다. 그런데 왜 우리는 지평들이나 그것들 사이의 융합을 의식할 수 없는 것일까? 이는 지평이 언어가 아니기 때문이다. 만약 지평이 언어라고 한다면, 당연히 우리는 지평이 어떤 내용인지, 또 지평융합의 결과가 무엇인지

---

16 어려운 이야기이다. 우선 이렇게 한번 생각해 보기로 하자. 영화를 볼 때, 어떤 장면이든지 배경의 역할은 매우 중요하다. 그렇다고 해서 우리가 집중해서 보는 것은 결코 배경이 아니다. 우리는 주인공들의 말이나 행위를 중심으로 하는 영화의 '스토리'에 집중한다. 그러나 아무 배경도 없이 단지 스토리만으로 영화를 만들 수 있을까? 우리가 스토리에 집중하고 있는 동안에도 ─ 영화의 배경에 대해서 별로 의식하지 않고 있다 하더라도 ─ 영화의 배경은 영화 감상을 위한 필수적인 요소로서 여전히 중요한 역할을 하고 있다.

알 수 있을 것이다.

지평은 언어적 대화가 발생하는 상황적인 배경이나 기반을 말하는 것으로, 우리에게 있어서는 선입견에 해당하는 것이었다. 우리가 선입견을 선입견이라 부르는 이유는 그것의 성격이 이러하기 때문이다.

선입견은 우리의 판단에 '이미 앞서' 작용하기 때문에, 우리는 그 내용을 전혀 의식할 수 없다.

만약 우리가 선입견의 내용을 이해할 수 있다면, 우리 입장에서는 그것을 우리가 원하는 대로 수정할 수도 있겠거니와, 그도 아니라면 아예 제거해 버리면 그만이다. 그러나 우리가 선입견의 내용을 알아낼 가능성은 전혀 없다. 의식할 수 없는 것의 내용을 도대체 어떻게 알 수 있다는 말인가?

가다머에게 있어서 지평은 또한 일종의 시야나 관점을 말한다. 그것들은 이해의 과정, 즉 대화의 과정에서 대화 당사자들이 기반하고 있는 상황이나 배경의 역할을 하게 된다. 그런 맥락에서 지평융합이 갖는 의미는 이러하다.

우리의 의식이 언어적 대화를 통해 이해를 경험하는 동안, ─우리의 의식이 전혀 의식하지 못하는 사이에─ 대화 당사자들의 지평도 융합하며, 그 결과로 내 안에는 새로운 지평이 형성된다.

대화가 언어와 언어 사이에서 이루어지는 것이라고 한다면, 말 걸어오는 것도 언어이며 응답하는 것도 언어이다. 그리고 그 언어들이 대화를 하는 동안 그 언어들의 배경으로서 관점이나 시야의 교류도 함께 일어난다. 이것이 바로 이해이다.

따라서 이해란 우리 의식이 참여한 대화의 결과인 동시에, 우리가 의식하지 못하는 사이에 발생하는 지평들 사이의 융합, 이 모두를 말하는 것이다. 가다머가 지평융합이라는 개념을 통해서 하고 싶었던 이야기, 혹은 지평융합의 과정으로부터 '이해'를 설명하고자 했던 의도는 바로 그것일 것이다.

5

언어와 해석학

우리가 대화를 할 때 실제로 대화에 참여하는 것은 누구일까? 참으로 이상한 질문이다. 당연히 '우리' 아닌가? 대화란 '우리가 언어를 사용해서 서로의 의사를 소통하는 것'을 말한다. 그러므로 대화의 주체, 대화의 참여자는 바로 우리 자신일 것이다. 흔히들 그렇게 생각하고 있으며, 일상적으로 이 같은 생각에는 아무런 문제도 없다. 하지만 조금 더 깊이 따지고 들어가 보면, 대화와 관련해서 우리는 겉보기와는 패나 다른 이야기들을 접할 수 있게 된다. 아마도 이런 질문이 그 시작이 될 수 있을 것 같다.

　대화 참여자인 우리와 언어는 어떤 관계인가?

　언어는 대화를 위한 도구나 수단이며, 우리는 그런 언어를 가지고 혹은 그런 언어를 사용해서 대화에 참여하고 있는 것일까?
　앞에서 우리는 '대화가 언어와 언어 사이에 이루어지는 것'이라는 이야기를 했던 바 있다. 그리고 방금 '대화란 우리가 언어를 사용해서 서로의 의사를 소통하는 것'이라고도 이야기했다. 여기에서 문제가 되는 것은 '우리가 언어를 사용해서'라는 말인데, 다소 어색한 느낌이 들기는 하겠지만, 그 말을 빼고 앞의 두 가지 내용을 억지로 연결시켜 보기로 하자. 그러면 대충 이런 모양이 될 것이나.

　대화는 언어와 언어 사이에 이루어지는 의사소통이다.

　이제 우리가 '언어를 사용한다'는 생각 자체를 완전히 없애 버리고, '우리와 언어' 그리고 '우리와 대화'의 관계를 다시 한번 따져 보기로 하자. 대화는 언어와 언어 사이에 이루어지는 것이라고 했는데, 그렇다면 언어와 언어 사이에 대화가 이루어지는 동안 우리는 정확하게 무엇을 하고 있는 것일까?
　대화가 언어와 언어 사이에서 이루어지는 것은 확실하다. 그런데 우리가 대화(에 참여)하고 있을 때, 그때 우리와 언어는 어떤 관계에 있는 것일까? 특히 우리가 언어를 사용하는 것이 아니라고 한다면? 그렇다! 대화 참여자로서 우리 자신이 바로 언어이다. 다시 말하자면, '우리가 대화한다'라고 말할 때, 그 말이 실제로 의미하는 바는 '우리 자신이 바로 언어이며, 언어로서 우리가 ―혹은 언어인 우리가― 대화를 하고 있다'는 것이다.

여기에 더해서 밝혀져야 할 사실이 하나 더 있다. 대화가 언어와 언어 사이에 이루어지는 것이고, 한쪽 언어가 우리 자신이라고 한다면, 다른 한쪽은 누구일까? 혹은 무엇일까?

∽

대상으로부터 현상과 존재로, 또 인식으로부터 경험과 이해로 이어졌던 우리의 이야기는 이제 언어에까지 도달했다. 잠시 이야기를 거슬러 '존재'로 되돌아가 보기로 하자. 존재가 우리에게 드러나고 현존재로서 우리가 그 존재를 '~로서' 경험하는 것, 가다머는 그것을 '이해'라는 개념으로 정리했다. 또한 그는 이해가 대화의 방식으로 발생하며, 대화 참여자의 한쪽인 우리가 언어(그 자체)임을 밝혀냈다. 그렇다면 이해의 과정에서 대화 참여자로서 우리와 대화를 하는 다른 한쪽은 누구인가? 바로 '존재'가 아니었던가?

존재가 우리에게 말을 걸어오면 언어인 우리가 응답을 하고, 그렇게 대화가 이루어지게 된다. 그 대화가 바로 이해가 발생하는 방식이었다. 이 모든 퍼즐 조각들이 제대로 맞춰져 완성된 그림이 되려면, 마지막으로 하나의 조각이 더 필요한데, 바로 이것이다. '우리에게 말 거는 존재는 언어이다.' 왜냐하면 대화는 언제나 언어와 언어 사이에 이루어지는 것이기 때문이다.

가다머는 이러한 내용 모두를 하나로 농축해서 아래와 같이 말했는데, 이는 그의 철학의 핵核인 동시에 최종적인 결론이라 할 수 있다.

이해될 수 있는 존재는 언어이다.

지금까지 학문적 관점이 이동한 경로를 뼈대만 간추려 보면 이러하다. 대상에 대한 고민이 현상으로 옮겨 가면서 인식이론(인식론)은 현상론(현상학)으로 바뀌었고, 존재와 언어에 대한 관심이 그 뒤를 이어 학문적 발전을 이끌었다. 그런데 존재와 언어를 중심 개념으로 하는 단계에서 학문의 명칭은 어떻게 정하는 것이 좋을까?

존재에 대해서는 존재론이라는 이름이 자연스러울 것 같고, 언어에 대해서는 언어론이라는 이름이 어울릴 것 같다. 그러나 존재론이라는 이름은 그렇다 하더라도, 언어론이라는 이름은 많은 사람들에게 혼란을 주게 될 가능성이 높다. 지금 논의 중인 맥락에서 언어는 '이해될 수 있는 존재'라는 특정한 관점으로 정해져 있는 반면, 언어에 대한 학문적 접근은 매우 다양한 방향에서 가능하기 때문이다. 그러므로 그 특정한 관점이 반영된 학문에 대해서는 따로 이름을 정하는 것이 바람직할 것이다.

이해될 수 있는 존재로서 언어, 그런 관점이라면 당연히 '언어 존재론'이 가장 적합해 보인다. 또한 '이해'라는 개념의 중요성을 고려했을 때, 이해론(이해학)이라는 이름이 있어야 할 것 같기도 하다. 그런데 정작 존재 개념까지 포괄하면서 언어와 이해 개념을 중심으로 하는 이 학문에는 해석학解釋學, Hermeneutics이라는 이름이 붙었다.[17]

해석학은 당연히 '해석' 개념을 중심적인 대상으로 하는 학문이다. 해석에 대해서는 크게 두 가지 관점에서 접근이 가능하다. 하나는 '해석이란 무엇인가?'이고, 다른 하나는 '어떻게 해석할까?' 하는 것이다.

궁극적인 문제는 언제나 '진리'이다. 우리가 학문적인 태도를 버리지 않는 한, '이해를 한다' 하든 '해석을 한다' 하든, 그 최종적인 목적은 진리를 향할 수밖에 없다. 그런데 가다머에게 있어서 진리는 학문적 탐구를 통해서 찾아내는 어떤 것이 아니라, 이해하는 존재로서 우리의 경험 그 자체였다. 그러므로 '어떻게 해석할까?'라는 물음이 '방법'에 대한 고민에 머물러 있는 한, 우리에게 필요한 해석학의 내용으로서는 그리 적합하지 않을 것이다. 그리고 여기가 바로 가다머가 쓴 『진리와 방법』이라는 책, 그 책의 제목에 담긴 의미를 정확하게 보여 주는 대목이다.

---

17 사실 해석학이라는 학문 분야는 오래전부터 있었다. 우리의 '해석학' 역시 원래 있었던 해석학과 역사적으로 깊은 관련이 있다. 하지만 지금 그런 역사 자체에 대한 논의는 별로 중요하지 않기 때문에 그냥 지나가기로 하고, '해석'의 의미와 해석학의 관계에 대한 이야기에 집중하도록 하겠다.

(학문적) 방법으로는 결코 진리에 도달할 수 없다.

'해석이란 무엇인가?' 이것이 우리가 쫓아가야 할 문제라고 한다면, 그에 앞서 이해와 해석이 어떤 관계에 있는지에 대한 분명한 설명이 있어야 할 것 같다. 먼저 이해는 언어적 대화와 그 대화 과정에서 발생하는 지평융합을 의미하는 것이었다. 그 결과 우리는 새로운 지평 위에 서게 되고, 그 지평 위에서 다시 새로운 이해의 발생을 경험하게 된다. '이해하는 존재'란 다름이 아니라 우리에게서 그런 경험이 끊임없이 계속됨을 나타내는 것이다.

그렇게 우리가 이해하는 존재인 한, 우리는 항상 어떤 지평 위에서 있게 되는데, 그 말은 또한 '우리가 항상 어떤 관점을 가지고 있다'는 말과 마찬가지이다. 그런데 우리가 어떤 관점을 가지고 이해한다는 것, 그것이 '우리가 해석한다'는 말과 어떻게 연결될 수 있는 것일까?

결론부터 말하자면, 이해한다는 것은 해석한다는 것과 같다. 다시 말해서, 우리가 이해하는 존재라고 한다면, 동시에 우리는 '해석하는 존재'이기도 하다. 이러한 사실은 이해가 언어와 언어 사이의 대화를 통해서 발생한다는 것으로부터도 확인할 수 있다. 여기에서 언어란 사실상 '말'과 같은 의미인데, 말의 성격들 중에서 우리 대부분이 놓치고 있는 것이 하나 있다. 그것은 '말이 언제나 결과로서만 존재한다'는 것이다.

말이라는 것이 어디엔가 따로 있고 우리가 그것을 필요에 따라

—예를 들어서 어떤 의미를 전달하기 위한 매개체로서— 꺼내서 사용하듯 그렇게 할 수 있는 것이 아니다. 말이라는 것이 존재한다면, 그것은 언제나 '(이미) 말 되어진 것', 혹은 '(이미) 말해진 것'으로만 존재하는 것이다.

말 되어진 것이든 말해진 것이든, 그 안에는 이미 이해와 해석이 담겨 있기 마련이다. 다시 말해서, '말로 이해하고, 말로 해석하는 것'이 아니라, 말 자체가 이미 이해이고 해석이라는 것이다.[18] 그러니 해석 개념으로부터 거슬러 올라가게 되면, 자연스럽게 이해·언어·존재 개념과 만나게 될 것이고, 그렇게 그 모두를 포괄하는 학문이 있다면, 그것에 '해석학'이라는 이름이 붙은 것은 별로 이상할 것이 없는 일이다.

조금만 더 나아가 보기로 하자. 우리가 이해하는 존재라고 한다면, 우리 자신은 바로 '이해 그 자체'이며 동시에 우리 자신은 '해석 그 자체'이다. 왜 그런 것일까? 앞에서 우리는 이해가 우리의 의식에서 발생한다는 것을 확인했었다. 거기에 '이해가 대화를 통해서 발생한다'는 점을 더해서 생각해 본다면 이렇게 말할 수 있을 것이다.

우리 자신인 의식은 대화에 참여하는 한쪽이며, 그런 까닭에 우리의 의식은 '언어(혹은 말)'일 수밖에 없다. 다시 말해서, 우리의 의

---

[18] 말이 '의미를 전달하기 위한 매개체'가 아니라는 말이 여기에도 적용된다. 말은 그 자체로서 '의미'이며, 의미는 이미 이해이고 해석이다.

식, 즉 우리 자신은 '언어'이다.

이해가 대화를 통해서, 즉 언어를 통해서 이루어진다고 한다면, 그리고 우리가 대화 당사자의 한쪽으로서 언어 그 자체라고 한다면, 특히 언어가 이미 이해이며 해석이라고 한다면, 얼핏 들으면 말장난처럼 들릴 수도 있겠지만, 어쩌면 아예 말도 안 되는 소리처럼 들릴 수도 있겠지만, 그것들 모두는 결국 이런 이야기를 만들고 있는 것이다.

> 이해란, 이해가 이해하는 것이다.
> (또한, '해석이란, 해석이 해석하는 것이다.')[19]

6
해석학과 비판적 사회과학

해석학에 관련된 논의에 갑자기 비판적 사회과학이라는 사회이론이 등장하게 된 이유는 언어의 고유한 성격 때문이다. 언어는 대

---

[19] 혹은 이렇게도 말할 수 있겠다. '이해인 우리가 이해를 경험하는 것이 바로 이해이며, 해석인 우리가 해석을 경험하는 것이 해석이다.'

화를 전제하며, 대화란 적어도 둘 이상 복수의 참여자가 있어야 가능하다.[20] 그렇게 복수의 참여자가 언어적 의사소통을 하는 곳, 다름 아닌 사회를 말한다.[21]

언어는 사회적 변화를 직접적으로 반영하며, 사회 역시 언어적 변화에 민감하게 반응한다. '언어의 사회성'이니 '언어의 역사성'이니 하는, 우리가 익히 들어 본 언어의 주요 성격들은 모두 사회를 배경으로 하고 있다. 이와 같이 의사소통의 장으로서 사회는 언어와는 떼려야 뗄 수 없는 매우 특별한 관계를 맺고 있다.

사회이론은 사회를 대상으로 하는 다양한 학문이론들을 포괄하는 말이다. 그것을 이따금 '사회과학'이라고 부르기도 하는데,[22] 여기에서 '과학'이라는 말은 '분과 학문'의 의미로 이해하면 좋을 것 같다. 우리의 이야기에서 전체 학문은 그 대상에 따라 '인문과학, 자연과학, 사회과학' 대충 이 세 가지 분과로 나뉠 수 있다.

인문과학은 '인문학'을 말하고, 자연과학은 그런 인문학과 대립적 관계를 형성했던 소위 '과학'을 말한다. 그리고 사회과학은 해석학에서 언어의 위상을 따지는 과정에서 이번에 새로 고개를 내밀었

---

20 개인의 이해 역시 대화의 방식으로 발생하기 때문에, 언어에 내재해 있는 기본적인 성격은 개인에서의 이해는 물론이고 사회에서의 의사소통에도 마찬가지로 적용될 수 있다.

21 의사소통이 없는 사회는 없다. 단지 여럿이 모여 있기만 한 경우라고 한다면, 그것은 사회가 아니라 동물들에게서 흔히 볼 수 있는 무리나 군집 정도에 불과할 것이다.

22 많은 사전에서 사회이론은 사회과학과는 다른 성격을 가진 범주로 설명이 되어 있는 듯하다. 그러나 우리 이야기에서는 그 두 가지를 비슷한 개념으로 받아들여도 별로 문제가 되지 않을 것이다.

다. 인문학(인문과학)은 주로 사람이나 사람의 정신을, 과학(자연과학)은 주로 자연이나 자연의 현상을 학문적 대상으로 한다. 그렇다면 사회과학의 학문적 대상은 어떤 것일까?

$$\sim$$

사회과학의 학문적 대상에 대해서 이야기하기에 앞서, 먼저 사회과학의 탐구 방식부터 간단하게 살펴보기로 하자. 일반적으로 사회과학은 가설을 세우고 관찰과 실험을 통해서 가설을 검증하며, 검증된 가설을 결론으로 받아들이게 된다. 그렇게 보면 많은 경우에 사회과학은 과학과 유사한 방식으로 탐구를 진행한다고 할 수 있다. 그런데 사회과학은 그러한 탐구 방식을 학문적 대상에 적용하는 과정에서 참으로 묘한 갈등을 겪게 된다.

사회과학의 학문적 대상은 물론 사회일 것이다. 사회는 개인들, 즉 사람들이 모여 형성된 곳이며, 그런 이유로 관찰과 실험도 사람들이 모여서 형성된 사회를 대상으로 이루어지게 된다. 문제는 사회과학에서의 관찰과 실험이 자연과학과 비교했을 때 매우 제한적인 범위 내에서만 가능하다는 것이다.

예를 들어서, 어떤 과학자가 제한된 공간 안에 갇힌 곤충들이 먹이가 없을 경우 어떻게 행동하는지를 관찰하려 한다. 이때 과학자는 필요한 조건을 갖추고 곤충들을 관찰하면 된다. 반면에 어떤 연구자가 비슷한 상황에서 사람들은 과연 어떻게 행동하는지를 알고 싶어 한다고 해 보자. 과연 곤충들처럼 사람들을 가둬 두고 굶겨 가며 관찰을 할 수 있을까? 이런 점을 고려했을 때, 사회과학에 대한 아래와 같은 평가는 대단히 합리적으로 보이기까지 한다.

> 긍정적으로 평가하자면, 사회과학은 객관적인 방식으로 사회를 탐구하려 한다. 반면에 부정적으로 평가하자면, 대상의 특성 때문에 사회과학은 그 탐구의 한계가 분명하다. 그러니 사회과학은 이리 끼지도 저리 끼지도 못하는 '박쥐' 같은 성격을 가지고 있다고 할 수 있다.

'사회'라는 대상의 중요성을 고려한다면, 사회과학의 학문적 가치는 두말할 나위 없이 분명하다. 문제는 사회과학이 가지고 있는 한계인데, 그것은 학문적 체계가 부실하기 때문에 발생하는 것이 아니라, 어디까지나 대상의 특수성 때문에 발생하는 것이다. 이미 사회과학은 대상의 특수성을 반영하여 최적화된 접근 방식들을 개발하고 적용해 나가고 있다. 그러니 위와 같은 우려와 지적은 사회과학에 대한 정확하고 공정한 평가와는 거리가 멀다.[23]

사회에 대한 최적화된 접근 방식, 그 대표적인 사례 중 하나는 비

---

[23] 사회과학의 학문적 가치가 분명해지는 곳, 글쓴이는 예전에 『해석과 비판』이라는 책에서 '사회과학이 그곳에서 그냥 박쥐가 아니라 황금박쥐임이 드러난다'라고 이야기했던 적이 있다. 특히 현대사회에서 사회과학의 학문적 위상이나 가치는 어쩌면 그 이상으로 높은 것일 수도 있다.

판적인 관점에서 대상을 연구하는 것이다. 비판이라는 말의 일반적인 의미는 '잘못된 점을 지적해서 부정적으로 말함'이다.[24] 비판적 사회과학은 비판의 의미를 그러한 일반적인 수준으로부터 학문적으로 유용한 단계까지 끌어올리게 된다. 그렇게 자리를 잡은 '비판'의 의미는 대체적으로 이러하다.

표면적으로는 정상적으로 보이는 것들이라 할지라도 실제로는 조작되거나 왜곡되었을 가능성이 있는 것으로 보고, 그 이면이나 배후를 추적하여 그 조작이나 왜곡을 겉으로 드러내어 폭로하고 제거하는 것.

사회 안에서 조작과 왜곡의 가능성이 있는 요소에는 어떤 것들이 있을까? 다양한 성격의 구성원들이 다양한 상황 속에서 다양한 입장을 가지고, 그러나 '하나의' 사회 안에서 살아가고 있다. 그러니 구성원들의 다양한 요구와 욕구가 사회 안에서 복잡하게 뒤얽히는 것은 너무나 당연한 일이다. 모든 것이 의심의 대상이 되며, 모든 것들

---

[24] 정당한 비판은 '잘못된 점을 지적하는 것'이 목적이고 그 방법이 '부정적으로 말하기'이다. 반대로 부당한 비판은 '부정적으로 말하기'가 목적이고 그 방법이 '잘못된 점을 지적하는 것'이다. 하지만 어지간해서는 그 두 가지가 뚜렷하게 구별되지 않는다. 단지 부당한 비판의 경우, 목적 자체가 그러하기 때문에 크든 작든 '억지스러운 요소'가 섞이기 마련이다. 그런 억지스러운 요소들을 찾아내고 겉으로 드러내는 것 역시 비판적 사고의 역할이라 할 수 있겠다. 그렇게 보면 부당한 비판은 결코 비판이 될 수 없으며, 그래서 실제로는 부당한 비판이라는 것은 없다고 해야 옳을 것이다. 그런 이유로 비판이라는 이름 대신에, 예를 들어서 '네거티브 공세'와 같은 다른 식의 이름을 붙이는 것이다.

에 비판적 시각이 적용될 수 있다.

적용 대상들 중에서 특히 중요한 것은 예를 들어서, 사회를 이끌어 가는 '신념'이나 '문화' 같은 것들이다. 사회적 신념이나 문화가 조작과 왜곡으로 변질된다면, 그 사회는 앞으로 어떻게 되겠으며, 구성원들은 또 어떤 고통을 겪게 될까? '비판적 사회과학'은 애초부터 사회적 신념이나 문화 같은 것에 깊은 관심을 기울이며 그것에 비판적 눈초리를 집중시켰던 학문 분야이다.

비판적 사회과학자들이 본격적으로 활동했던 시기는 1930년대였는데, 당시에는 유례를 찾아보기 어려울 정도로 극심한 혼란이 전 세계 곳곳을 휩쓸고 있었다. 인간의 이성理性에 의지해서 밝은 시대를 열어 보겠다고 '중세의 암흑'을 무너뜨린 지도 이미 수백 년이 흘렀건만, 초창기에 그렸던 희망찬 모습은 어디로 사라져 버리고 어쩌면 중세보다도 못한 암흑의 기운이 거의 전 세계를 뒤덮어 가고 있었던 것이다.

1차 세계대전은 이전의 어느 전쟁보다도 처참하기 이를 데 없었다. 특히 눈부신 발전을 거듭하던 과학기술이 전쟁에 본격적으로 투입되면서 이전에는 상상하기조차 힘들었던 비극이 곳곳에서 속출했다.[25] 그렇게 범죄와 다름없는 짓들을 저지르고 나서도 정신을 차리지 못했던지, 세상은 여전히 근거조차 불분명한 증오와 그 증오

---

[25] 1.5km 폭의 전선에서 두 달 안에 프랑스군 약 24만 명이 전사했고, 1km 폭의 전선에서 3시간 안에 영국군 약 1만 명이 전사한 일도 있었다. 소위 말하는 '대량 살상무기'가 등장한 것도 그 시기였다고 한다.

를 등에 업은 권력자들의 탐욕으로 불안한 하루하루를 보내고 있었다. 그런 상황에 대한 당시 (유럽) 주류 학계의 반응은 크게 두 가지로 나뉘었다.

> 첫째, 사람 그 자신의 가치와 한계에 대한 깊은 반성으로부터 사상적인 차원에서 새로운 방향을 모색하는 것.
> 둘째, 비판적 관점에서 세상사를 바라보며 개혁적인 차원에서 그 안에 담긴 부조리를 폭로하는 것.

가다머는 전자 진영의 계보를 잇는 해석학의 대표 주자였으며, 앞으로 이야기할 하버마스Jürgen Habermas는 후자 진영의 계보를 잇는 비판적 사회과학의 대표 주자였다. 그런 걸출한 학자들이 언어와 사회라는 주제를 무대로 지금 막 세기적인 논쟁을 펼치려는 순간을 앞두고 있었던 것이다.

제3장

비판적 의식은
전통과 선입견을 꿰뚫는다:
하버마스

1

서양의 역사와 비판이론의 등장

군이 따지자면 완전히 동일한 개념은 아니지만, 비판적 사회과학을 비판이론Critical theory이라 불러도 별다른 문제가 없을 것 같다. 비판이론이 비판적 사회과학을 대표하며 학문적 발전을 계속해서 주도해 왔기 때문이다. 비판이론은 독일의 프랑크푸르트 학파Frankfurt school[26]에서 시작되었는데, 학파의 초기 구성원들은 당시에 사회 변화를 이끌던 이념들에 대해서 깊은 관심을 가지고 있었다.

그들은 이념들에 대한 비판적 분석을 바탕으로 '그것들이 추구하는 이상이 왜 현실에서는 제 역할을 하지 못하는가?'를 밝혀내고자

---

[26] 프랑크푸르트 학파에 속한 유명한 학자들에는 발터 벤야민(Walter Benjamin), 허버트 마르쿠제(Herbert Marcuse), 에리히 프롬(Erich Fromm) 등이 있다. 이들이 학계에 —특히 인문, 사회, 예술의 영역에— 미친 영향은 지대하다 할 수 있다.

했다. 그들이 활동하던 시기는 근대가 저물어 가면서 현대가 열리기 시작하던 시대적 전환기로 볼 수 있다. 그래서 그들의 비판도 자연스럽게 근대에 대한 냉철한 분석을 바탕으로 이루어지게 되었다.

서양의 역사는 일반적으로 아래와 같이 크게 네 가지 시대로 구분된다. 몇몇 중요한 특징들을 중심으로 각 시대의 성격을 아주 간략하게만 살펴보고 지나가기로 하자.

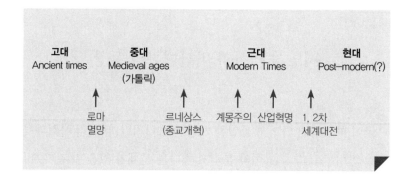

고대는 그리스·로마가 멸망하면서 종말을 맞았던 시대로서, 합리적인 사고를 바탕으로 인간 스스로 학문의 발전을 이끌어 가던 시대였다. 가톨릭이 대부분의 권력을 독점했던 중세는 모든 것 위에 신神이 올라선 시대였으며, 그래서 학문 역시 가톨릭 신학이 거의 대부분을 차지하고 있었다. 그러다가 가톨릭의 타락이 극단에 이르자, 그에 대한 반발로 '르네상스Renaissance'가 일어나게 되었다.

르네상스는 '재생' 혹은 '부흥'이라는 의미의 말로서, 르네상스 운동 안에는 이러한 시대정신과 의지가 담겨 있다. '중세는 확실히 실패했고, 그 전의 고대가 진정으로 가치가 있는 시대였다. 그러니 중세를 벗어나 고대를 모범으로 따르는 것이 옳다.' 그래서 르네상스의 학자들은 고대의 문화를 숭상하고 그것을 당대에 되살리는 작업에 집중하게 된다. 다시 말해서, 중세에 신과 신앙이 차지하고 있었던 자리에서 그것들을 밀어내고, 그 자리에 다시 인간과 이성을 되돌려 놓고자 했던 것이다.

르네상스 이후 중세의 몰락은 가속화되었고, '계몽주의Enlightenment'를 거치면서 근대가 융성하게 된다. 계몽주의는 대략 18세기경 유럽을 휩쓸었던 사상으로 가장 큰 특징은 인간의 지적 능력을 신뢰하고 그것을 바탕으로 모든 것을 이해하려 했다는 점이다. 이런 내용들을 종합해 보면, 근대는 결국 중세를 배격하고 고대의 사상을 되살리면서 인간 중심주의적 성장과 발전을 가능하게 한 시대라 할 수 있겠다.

개혁적인 희망을 안고 출발했던 근대, 그러나 근대적 사고가 절정에 이르렀던 19세기 말에서 20세기 초, 엄청난 비극들이 근대사회를 뒤덮었는데, 근대인들이 원래 가지고 있던 기대와는 완전히 다른 것들이었다. 예를 들어서, '산업혁명Industrial Revolution'은 사람들에게 많은 편리를 제공해 주기는 했지만, 아무런 대비도 없이 시작된 급격한 변화는 결과적으로 대다수의 사람들을 고통 속에 빠뜨리는 부작용을 낳고 말았다.[27]

27 산업혁명이 일어나자 많은 사람들이 일자리를 찾아 도시로 몰려들었다. 그러나 그들을

근대의 병폐가 결집되어 나타난 사건은 단연코 '세계대전'이었다. 인류의 역사 전체를 통틀어 전쟁이 없었던 시대는 없었다. 하지만 그 규모나 방식에 있어서 세계대전은 이전과는 전혀 비교가 되지 않았다. 비이성적이고도 몰상식적인 '대량 학살'이 때와 장소를 가리지 않고 일어났다. 더욱 참담했던 것은 전쟁이 더 이상 '전선을 사이에 두고 군인들이 서로를 살육하는 것'에서 그치지 않았다는 사실이다.

군인들은 민간인에 대한 공격을 '공식적인' 작전 안에 넣고 그대로 실행에 옮기기 시작했다. 이런 변화가 불러온 대표적인 사건은 대대적인 도시 공습이나 원자폭탄 투하와 같은 것들이었다. 그 결과 전쟁에 있어서 이제는 전방과 후방을 나누는 일도 의미가 없어져 버렸고, 단 한 번의 공격으로도 도시 하나 정도는 '증발'시켜 버릴 수 있는 끔찍한 시대가 열렸던 것이다.

상황이 이 정도에까지 이르니, 근대 자체에 대한 회의懷疑가 곳곳에서 일어나게 된 것은 너무나 당연한 일이었다. '중세의 비극을 극복하고 새 세상을 열겠다'던 근대가 결과적으로는 새 세상이 아니라 새로운 '지옥문'을 열고 말았던 것이다. 이로써 근대는 그 기반에서부터 무너져 내리기 시작했으며, 그것은 한편으로 현대가 열리는 신

수용할 만한 기반 시설이 제대로 갖춰져 있지 않기 때문에, 그들의 생활은 처참하기 이를 데 없었다. 더구나 당시에는 노동자들을 보호할 아무런 법적 근거도 없었던 탓에 성인들은 말할 것도 없고 어린아이들까지 열악한 작업장 안에 갇혀 하루 종일 위험한 일에 시달려야만 했다.

호탄이 되기도 했다. 그러므로 현대는 기본적으로 '근대에 대한 다각적인 평가를 바탕으로 근대가 만들어 놓은 문제들을 바로잡아 나가는 과정'이라고 볼 수 있다.[28] 우리가 이야기하고 있는 비판이론도 바로 그러한 역사적 흐름 위에서 등장했으며, 발전 과정 역시 전반적으로 그런 흐름과 궤를 같이하고 있다.

~

비판이론의 첫 번째 세대를 이끌었던 학자는 호르크하이머Max Horkheimer와 아도르노Theodor Wiesengrund Adorno였다. 두 학자가 가졌던 공통적인 문제의식은 사회와 학문 사이의 관계에 관한 것이었다. 호르크하이머의 경우, 그가 우려했던 것은 많은 학자들이 '자신들이 하고 있는 학문이 사회에 결과적으로 어떤 영향을 미치게 되는가?'에 대해서 아무런 고민도 하지 않는다는 점이었다.

모든 학문 활동의 기반은 의심의 여지없이 '사회'이다. 학자들이 내세우는 모든 이론들은 어떤 식으로든 사회에 영향을 미치기 마련이다. 그런 맥락에서 호르크하이머는 이 세상 모든 학문들과 모든 학자들을 향하여 다음과 같은 위험을 경고한다.

---

[28] '근대(의)'를 영어로 '모던(modern)'이라고 하는데, 현대가 근대와 완전하게 결별했다고 볼 만한 근거가 충분하지 않아서인지, 아니면 현대를 규정할 만한 시대적 특징이 아직 뚜렷하게 나타나지 않아서인지, 현대를 '포스트모던(post-modern)' 시대라고 부르는 경향이 있는 것 같다. '포스트'는 '~ 다음의', '~ 후의'라는 의미를 갖는 말이다.

비록 특정한 체계 안에서는 올바른 이론이라 할지라도, 그런 것들조차 경우에 따라서는 사회에 부정적인 영향을 미칠 수 있다.

그럼에도 불구하고 대부분의 학자들은 학문의 사회적 영향이나 그에 따른 책임에 대해서는 무감각할 뿐만 아니라 무책임한 태도로 일관하고 있었다. 그러므로 호르크하이머의 입장에서 보았을 때, 학자들이 자신의 책임을 다하는 길은 '자신의 이론이 사회에 어떤 영향을 미치게 될 것인가?' 하는 점을 철저하게 따져 보는 데 있었다.

아도르노는 사회적 현실을 있는 그대로 드러내어 그것을 고발하고 비판하는 일을 학문의 사회적 책무라 생각했다. 그는 특히 이념적 대립[29]이 만들어 내는 폐해를 극복하기 위해서는 냉정한 비판정신이 필요하다는 것, 그리고 사회적 현실과 일정한 거리를 두고 사태를 정확하게 파악하는 것이 중요함을 강조했다. 그것이 바로 학자들이 가져야 할 올바른 태도인 동시에 학문에 내재된 진정한 가치라는 주장이었다.

하지만 당시의 현실은 전혀 그렇지 못했다. 사람의 합리적 판단이라는 것은 오직 목적을 달성하기 위한 적합한 방법을 찾는 일에만 집중되어 있었다. 그 목적 안에 어떤 가치가 담겨 있는지, 그 목적이

---

[29] 당시는 자본주의의 폐해에 맞서 사회주의가 이곳저곳에서 세력을 넓혀 가던 시대였다. 그러나 사회주의 역시 다양한 부작용을 노출하고 있었기 때문에, 두 이념 사이의 갈등은 학계는 물론이고, 사회 전체를 대단히 복잡하고도 혼란스러운 상황으로 몰아가고 있었다.

정말로 타당한 것인지, 그런 것들을 따지는 일은 합리적 판단의 영역 밖으로 밀려나 있었던 것이다. 더 심각했던 것은 그런 문제점을 지적하고 대안을 제시해야 할 위치에 있는 학문이 오히려 그런 일에 앞장서서 봉사하는 도구나 수단쯤으로 전락해 버렸다는 사실이다.

근대가 처참한 실패로 끝나 가고 학문마저 그 실패의 한 축으로 판명되는 상황. 이런 우울한 분위기에 빠져 있던 학계에 반전의 메시지를 던진 학자가 있었으니, 그가 바로 우리의 주인공 하버마스였다. 그는 비판이론의 첫 번째 세대가 봉착했던 좌절의 분위기를 극복하고, 오히려 그곳에서 새로운 희망을 찾고자 했다. 그런 입장에서 그는 근대에 대해서 기본적으로 앞 세대 학자들이 가졌던 부정적인 입장을 계승하는 동시에, 거기에 나름의 견해를 더해서 새로운 이론을 체계화시켜 나가게 된다.

그가 우선적으로 관심을 가졌던 문제는 '합리성' 개념을 대하는 앞 세대 학자들의 전반적인 태도였다. 다시 말해서, 하버마스는 그들이 합리성 개념을 규정하는 방식에 대해서 상당한 의구심을 가졌던 것이다. 그의 견해에 따르면,

> 다른 모든 것들과 마찬가지로 합리성 역시 다양한 관점에서 논의가 가능하다. 그럼에도 불구하고 앞 세대의 학자들은 합리성에 대해서 오직 한 가지 면에만 치우쳐 있었다. 결과적으로 그런 태도가 암초가 되어서, 합리성이라는 개념 자체를 절망 속으로 좌초시키고 말았다.

비판이론 첫 세대 학자들이 합리성 개념에 대해서 가졌던 비판적인 시선, 즉 합리성이 '목적을 위한 수단'에 불과하다는 관점은 당시의 시대적 특성상, 예를 들자면 이런 내용을 말하는 것이었다. '합리성은 생산력 향상이라는 목적에 부합하는 수단일 뿐이다.' 목적 자체가 그러하다 보니, 합리성이 인간마저 도구화시켰다는 혐의를 받게 되는 것은 지극히 당연한 일이라 할 수 있겠다.

산업혁명으로 공장이 늘어날수록 그 공장을 채울 노동자들 역시 계속해서 늘어났으며, 이때의 노동자들은 말 그대로 생산을 위한 도구에 불과했을 뿐이다. 문제가 생긴 도구를 새로운 도구로 교체하듯, 생산 현장에서 죽거나 다친 노동자들은 새로운 노동자로 교체해 버리면 그뿐이었다. 또한 전쟁터에서 수십만 명의 병사가 죽어 나가도 그 자리에 새로 징집된 병사들을 투입하면 그만이었다. 이렇게 명백한 '비인간화' 경향이 바로 코앞에 펼쳐지고 있는 상황이라고 한다면, 인간의 합리성을 의심하거나 혐오하는 것, 그것을 과연 누가 부당하다 말할 수 있을까?

하버마스 역시 당시 상황이 인간의 합리성이 초래한 비극임을 부정할 수 없었다. 그렇기 때문에 그가 앞선 세대를 계승하는 것은 당연할 뿐만 아니라, 후속 세대로서 그가 맡아야 할 일종의 학문적 책무와도 같았다. 차이점이 있다면, 그는 앞선 세대의 판단을 성급한 결론으로 진단하고, 위기에 처한 합리성 개념을 더 넓은 시각에서 조명함으로써 재건하려 했다는 것이다. 그가 가졌던 기본적인 생각은 대체적으로 이러했다.

합리성이 사람을 도구화시킨 것은 맞지만, 그런 도구화를 막는
것 역시 합리성이 하는 역할이다.

합리성이 포괄적인 능력 혹은 균형적인 시각을 잃고 특정한 목적
에 치우치게 되면, 근대와 같은 심각한 문제를 만들 가능성이 높아
진다. 근대의 경우, 사람의 도구화를 막는 합리성은 별로 발휘되지
못했고, 도구화를 돕는 경향의 합리성이 '지배적인 힘'을 발휘하던
시기였다.

도구화를 막는 합리성은 어떤 성격의 합리성일까? 그런 합리성에
는 적어도 강제적 지배와 같은 요소가 완전히 배제되어 있어야 한
다. 만약 근대에 고용주들이 노동자들과 대화를 통해서 문제를 해
결하려 했다면 어땠을까? 만약 전쟁을 벌이던 나라들이 대화를 통
해서 타협점을 찾으려 했다면 어땠을까? 다시 말해서, 문제해결을
위해서는 '대화가 최선책이다'라는 합리적인 판단이 그들 모두에게
있었다면 상황이 어떻게 바뀌었을까 하는 것이다.

'도구화를 막는 합리성'은 무엇보다 의사소통을 통해서 힘을 발휘
할 수 있다. 하지만 당시에는 애석하게도 '도구화를 하는 합리성'이
'도구화를 막는 합리성'으로서 의사소통의 가치를 압도하고 있었던
것이다. 그런 상황에서 하버마스의 학문적 과제는 자연스럽게 의사
소통의 합리성을 회복하는 것, 그리고 그것을 가능하게 만들기 위해
서 학문적 기반을 다지는 것으로 정해지게 된다.

2

의사소통적 합리성과 비판적 반성

의사소통은 최소한 둘 이상의 사람이 합의를 목적으로 서로를 이해시키려는 행위를 말한다. 어떤 행위가 합리적이라고 한다면, 그것은 어떤 행위를 하는 사람이 그런 행위를 하는 이유를 밝히고 상대방이 그것에 동의할 수 있는 경우를 말한다. 이와 같이 의사소통은 어떤 행위의 일종이고, 합리성은 어떤 행위에 대한 ―혹은 그 행위의 동기에 대한― 평가로 볼 수 있다.

그 두 가지를 적절하게 연결시켜 본다면, '합리적 의사소통'이라던가 아니면 '의사소통적 합리성' 정도가 될 것인데, 전자의 경우는 의미상 합리적인 '방식'의 의사소통이라는 말에 가깝기 때문에, 지금 우리가 하고 있는 이야기에는 후자의 명칭이 훨씬 더 적절할 것 같다. 그리고 만약 의사소통적 합리성이 적용된다면 아마도 이러한 일이 가능하게 될 것이다.

> 여러 사람들이 대화와 토론에 참여하여 서로의 생각을 나눔으로써 어떤 행위에 대한 타당성을 검증하는 일

어떤 행위의 타당성을 검증하기 위해서는 그 행위에 대한 반성적 태도가 필수적이다. 특히 반성의 대상이 어떤 행위인 경우, 그 반성

으로부터 우리가 기대할 수 있는 효과는 '그 행위가 부당한 영향력을 행사하는 것을 방지할 수 있다'는 것이다. 그러므로 특정한 방식의 도구화[30]에 치우쳐서 근대를 망쳐 놓은 모든 행위들에 대하여 우리가 의사소통적 합리성을 제대로 적용하기만 한다면, 우리는 근대의 긍정적인 면을 유지·발전시키면서도 그 안에 담긴 독소들은 추출·제거할 수 있을 것이다.

지금까지의 이야기를 간단하게 정리해 보면 이러하다. 사람마저 도구화시켰던 근대의 합리성, 그런 합리성을 조절·통제할 수 있는 의사소통적 합리성(의 필요), 그리고 그 과정에서 드러난 대화와 토론의 반성적 기능, 이것으로 애초에 문제가 되었던 내용에 대한 해결책은 분명하게 제시되었다. 이제부터는 '대화와 토론이 구체적으로 어떻게 반성적 기능을 수행하게 되는가?'에 대해서 살펴보기로 하겠다.

의사소통적 합리성이 제 기능을 발휘하기 위해서는 무엇보다 대화와 토론의 과정이 어떠한가가 중요하다. 그런데 그 과정을 살피는 작업에 있어서 가장 우선적으로 따져 봐야 할 것은 '언어' 그 자체의 성격이다. 왜냐하면 대화와 토론은 '예외 없이' 언어를 바탕으로 이루어지기 때문이다. 그런 점을 고려할 경우, 하버마스의 학문적 입장에 대한 평가 역시 아래와 같은 기준에 따라서 크게 달라지게

---

[30] 문제는 사람들마저 도구화시켰던 합리성이었다. 그런 합리성을 막을 방도를 찾지 못한다면, 근대의 병폐는 되살아나 우리를 이전과 같은 비극 속으로 몰아넣게 될 수도 있다.

될 것이다.

언어의 성격을 어떻게 규정하느냐에 따라서.
언어에 대해서 학문적으로 어떤 입장이나 태도를 가지고 있는
가에 따라서.

언어의 성격 중에서 특히 언어의 사회적 성격, 즉 '언어의 사회성'을 고려한다면, 지금까지 했던 이야기들은 어쩌면 겨우 서론 정도에 불과할지도 모를 일이다. 우리가 잘 알고 있는 것처럼, 사회는 대단히 많은 요소들이 지독히도 복잡하게 얽혀 있는 곳이다. 그러니 언어 역시 그 복잡하게 얽혀 있는 모든 것들로부터 그만큼 복잡한 영향을 받을 수밖에 없다. 또한 그런 복잡한 영향관계는 대화와 토론, 혹은 그것의 반성적 기능에도 그대로 적용될 수 있을 텐데, 그 이유는 언어가 그것들과는 떼려야 뗄 수 없는, 소위 불가분不可分의 관계에 있기 때문이다.

실제로 언어는 사회 안의 많은 요소들로부터 직접적인 영향을 받으면서 지속적으로 '의미 변화'를 거듭하고 있다. 예를 들어서 '마누라'는 귀한 신분의 사람을 높여 부르는 말에서 평소에 아내를 편하게 부르는 말로 바뀌었고, '영감'은 특정 관직에 있는 높은 사람들을 일컫는 말에서 단순히 늙은 남편을 부르는 말로 바뀌었다. 훈민정음에 나오는 '어린'과 '어여쁘게'가 각각 '어리석은'과 '불쌍하게'라는 뜻으로부터 지금의 뜻으로 바뀐 것도 그러한 예에 해당한다. '환

향녀還鄕女가 '화냥년'으로 바뀐 가슴 아픈 사연[31] 역시 언어가 사회의 영향을 받아 의미 변화를 겪는 과정을 잘 보여 주고 있다.

언어와 우리 자신과의 관계를 고려했을 때,[32] 언어가 사회로부터 많은 영향을 받는다는 것은 결국 이러한 의미로 연결된다. '우리 자신도 언제나 사회로부터 많은 영향을 받으며 살아가고 있다.' 그런 우리 자신에게 혹시 사회가 부당한 것을 강요하기라도 한다면, 그런 상황에서[33] 우리는 도대체 무엇을 어떻게 해야 할까? 이렇게라도 해야 하는 것이 아닐까?

언어에, 우리 자신에 영향을 미치는 다양한 사회적 요소들을 감시하고, 그러다가 부당한 요소가 발견되면 즉시 어떤 조치를 취하는 것.

이것이 바로 반성이 하는 역할이다. 그러나 반성을 하는 주체가 바로 우리 자신이라는 점을 감안한다면, 어쩐 일인지 이 근처에서

---

[31] 병자호란과 정묘호란 때 청나라로 끌려갔다가 고향에 살아 돌아온 부녀자들을 '환향녀(고향에 돌아온 여인)'라고 불렀다. 그 말이 나중에 '화냥년'이라는 말도 안 되는 욕으로 바뀌어 쓰이게 된 것이라 한다.

[32] 우리 자신, 우리 의식이 바로 언어라는 가다머의 견해를 되새겨 본다면 한결 이해하기 쉬울 것 같다.

[33] 따지고 보면 근대를 처참하게 만들었던 병폐들도 바로 그런 상황으로부터 나온 것이었다. 근대뿐만 아니라 인간이 만들어 낸 비극의 이면에는 대부분 그런 상황이 자리하고 있었음을 우리는 수많은 역사적 사실들로부터 확인할 수 있다. 이처럼 우리는 항상 사회가 우리에게 부당한 것을 강요할지도 모르는 그런 위험 안에서 살아가고 있는 것이다.

이야기가 제자리를 빙빙 돌고 있는 느낌이 든다. 언어는 사회로부터 다양한 영향을 받고 있으며, 사회에 대해서 우리는 반성적 태도를 유지해야 한다. 그런데 반성을 하는 우리 자신이 바로 언어라고 한다면….

'언어, 사회, 우리 자신' 이 세 가지 요소가 서로 꼬리를 물고 있는 모양이라서, 지금으로서는 이야기의 시작과 끝을 분간하기가 매우 어려워 보인다. 결국 무엇인가 다른 방향에서 매듭을 풀어야 할 것인데, 우리로서는 이전에 하버마스가 문제를 해결했던 방식,[34] 그것 외에는 마땅한 대안을 찾기 어려워 보인다.

∽

앞에서 나왔던 '비판' 개념을 이곳에 그대로 적용해 보기로 하겠다. 비판이란, '표면적으로는 정상적으로 보이는 것들이라 할지라도, 실제로는 조작되거나 왜곡되었을 가능성이 있다고 보고, 그 이면이나 배후를 추적하여 조작이나 왜곡을 겉으로 드러내어 제거하는 것'을 말한다. 이러한 비판의 능력을 '반성'에 부여할 수만 있다고 한다면, 그런 능력을 부여받은 반성은 사회가 우리에게 부당한 것을 요구하는 상황에서 능히 그 배후까지 추적하여 문제를 드러내고, 또

---

[34] 합리성의 다른 차원을 열어 보임으로써 도구적 합리성을 제한할 방도를 찾았던 일을 말한다.

한 문제를 극복할 수 있게 해 줄 것이다.

하버마스는 반성에 비판의 기능을 부여하면서, 이를 비판적 반성이라 불렀다. 이렇게 새로 태어난 비판적 반성이 지금부터 해야 하는 역할은 대체적으로 이러할 것이다.

사회의 모든 영향으로부터 벗어나 있으면서, 그 영향들이 정당한 것인지 아닌지를 감시하는 역할.

조금 더 구체적으로 말해 보자면, 우리가 미처 알지 못하는 사이에 사회의 영향이라는 것들이 우리에게 부당한 것을 강요하고 있지는 않은지, 혹은 그것들이 우리의 판단을 어떤 식으로든 왜곡하고 있지는 않은지 감시하는 것이다. 또한 혹시라도 그런 일이 이미 발생했을 경우라고 한다면, 비판적 반성은 부당한 강요나 왜곡을 겉으로 드러내고 또한 바로잡을 수도 있어야 할 것이다. 그러나 하버마스의 방식을 그대로 따라간다 하더라도, 그것으로 모든 문제가 완전히 해결되는 것은 아니다.

아무리 특별한 능력을 가진 반성이라 할지라도, 비판적 반성을 행하는 것은 어디까지나 사람, 즉 우리 자신이다. 그런데 한편으로 가다머의 견해에 따르면, 우리 자신은 '이해하는 존재'이기도 했다. 이해하는 존재는 언제나 선입견을 가지고 있으면서 어떤 것을 이해할 수밖에 없다. 그러니 하버마스와 가다머의 견해를 종합적으로 정리해 보자면, 결국 이야기는 이렇게 되어 버리고 마는 셈이다.

우리는 선입견을 가지고 있으면서 비판적으로 반성해야 한다.

이것은 심각한 모순이다. 비판적 반성의 기능은 '이면이나 배후에 있는 문제점을 파악하는 것'이다. 그런데 그런 고차원적인 기능을 수행하는 비판적 반성이 다른 어떤 것도 아닌 선입견의 간섭을 받을 수밖에 없다니…. 우리는 선입견이 사회 안의 다양한 요소들로부터 영향을 받으면서 형성되는 것임을 잘 알고 있다. 사회로부터 다양한 영향을 받고 있는 상태에서, 더구나 무슨 영향을 어떻게 받고 있는지도 정확하게 알 수 없는 상태에서 형성된 선입견을 가지고 사회의 영향을 비판적으로 반성하겠다니, 도대체 지금 이야기가 어떻게 흘러가고 있는 것인가?

하버마스의 주장이 설득력을 얻기 위한 가장 기본적인 전세 조건은 '사회의 모든 영향으로부터 벗어나'가 보장되는 것이다. 그러나 그것이 어떻게 가능할 수 있을까? 우리는 이해하는 존재인 것을…. 아무리 생각해 보고 따져 보아도 여기는 막다른 골목, 소위 말하는 '외통수'이다. '비판적 반성의 능력'이 '이해하는 존재'보다 앞서 작용하지 못하는 한, 하버마스의 논의는 여기에서 모두 원래의 자리로 돌아가 버리거나, 아니면 모두 다 무너져 내리고 말 것이다.

∾

비판적 반성이 먼저일까 아니면 이해가 먼저일까? 비판적 반성이 이해를 앞서 작용할 수만 있다면, 우리는 선입견의 영향에 구애拘礙받지 않고, 또한 사회의 모든 영향으로부터 벗어나 교묘한 조작이나 왜곡을 감시하고 통제할 수 있을 것이다. 반대로 이해가 먼저 발생한 다음이라고 한다면, 아무리 비판적 반성이 강한 힘을 발휘한다 하더라도, 빈틈이 생기는 것은 어쩔 수 없는 일일 것이다. 비판적 반성 자체가 이미 조작이나 왜곡의 영향 —적어도 그럴 가능성— 아래에서 움직일 것이기 때문이다.

만약 이도 저도 아니라고 한다면, 혹시 어느 한쪽이 아주 조금이라도 더 강한 힘을 발휘하여 다른 한쪽을 어떻게든 제약할 수 있지는 않을까? 예를 들어서, 비판적 반성이 —비록 순서적으로 보면 이해를 앞설 수는 없겠지만— 어떤 특수한 능력을 발휘해서 이해의 영향으로부터 잠시라도 벗어날 수 있지는 않겠는가 하는 것이다. 정말로 뭐라 말하기 어려울 정도로 난감한 문제가 아닐 수 없다. 마치 '닭이 먼저일까, 알이 먼저일까?' 하는 물음을 앞에 두고 별별 아이디어를 다 끌어다 대고 있는 느낌이다.

여기에서 잠시 이전의 이야기로 돌아가서 기억을 되살린 다음에, 본격적으로 가다머와 하버마스의 논쟁을 따라가 보기로 하자. 가다머의 이해 개념이 이곳저곳에서 의심을 받거나 구설수에 휘말렸던 가장 큰 이유는 '선입견' 때문이었다. 가다머의 견해에 따르면, 우리의 의식은 역사성을 가지고 있으며, 그것은 궁극적으로 이해가 선입견의 기반 위에서 —혹은 영향 아래에서— 발생하는 사건임을 의미했다. 그런 맥락에서 선입견은 이해 발생의 전제 조건이 되는 셈인데, 동시에 매우 역설적이게도 그것은 또한 이해의 결과라 할 수도 있었다.

지평융합이라는 개념이 보여 주는 내용이 바로 그러한 귀결을 가능하게 한다. 지평융합은 이미 형성되어 있는 지평이 새로운 지평과 만나 서로 융합하는 사건이다. 그때 이미 형성되어 있는 지평이 바로 선입견의 역할을 하게 되는 것이다. 그리고 그 선입견은 다시 새로운 이해가 발생하기 위한 기반이 되며, 선입견을 중심으로 하는 이러한 반복 자체가 바로 '나' 자신의 존재, 즉 '이해하는 존재'를 이룬다.

선입견에 대한 반감이 고조되고, 그것이 제거의 대상으로 지목되었던 것은 주로 근대를 이끌었던 계몽주의에 의해서이다. 계몽주의의 가장 큰 특징은 사람들이 지적인 능력을 발휘해서 비합리적이라 판단되는 모든 것들을 거부하는 데 있었다. 시대 흐름상, 계몽주의는 중세의 비뚤어진 신앙이나 사고(방식)에 대한 반발을 계기로 나타났다 할 수 있으나, 그 이후로도 개혁적인 면모를 발휘하며 지속적으로 성장과 발전을 거듭했다.

이처럼 합리적이고 개혁적인 성향 때문에, 계몽주의자들에게 근거 없는 믿음들이나 선입견들은 언제나 직접적인 공격의 대상이 되었다. 가다머가 선입견의 긍정적인 작용을 이야기하고 그것을 우리의 존재와 결부시켰던 당시도 계몽주의적 사고방식은 여전히 그 힘을 잃지 않고 있던 때였다. 그러니 그다음에 어떤 일이 벌어졌을지는 충분히 예상이 가능한 일이다.

가다머의 견해에 따르면, 선입견은 크게 두 가지 종류로 나누어 볼 수 있는데, 하나는 속단에 의한 것이고 다른 하나는 권위에 의한 것이다. 속단에 의한 선입견은 사람이 판단 능력을 발휘하기는 하지만 실수를 범하는 경우를 말한다. 권위에 의한 선입견은 사람이 판단 능력을 발휘하지 못하거나 그러지 않아서 생기는 경우를 말한다.

속단에 의한 선입견의 경우는 나중에라도 제대로 된 판단 능력을 발휘해서 실수를 바로잡기만 한다면 별로 문제될 것이 없다. 반면에 권위에 의한 선입견은 애초부터 출발을 잘못한 경우이기 때문에, 스스로 그 길을 거슬러 원점으로 돌아간다거나, 제대로 된 다른 길을 찾는다 것은 사실상 어려운 일이다. 그러므로 권위에 의한 선입견에 대해서는 단순히 실수를 바로 잡는 교정의 차원이 아니라, 아예 모두 없애 버리는 제거의 차원에서 대책을 만들어야 할 것이다.[35]

하버마스의 비판적 반성 역시 여러 가지 면에서 계몽주의적 사고와 유사한 모습을 보인다. 비판적 반성의 역할이 '어떤 것의 이면이나 배후에 있는 문제점을 파악하는 것'이라고 한다면, 또한 선입견이 '드러난 생각의 이면이나 배후가 된다'는 점을 고려한다면, 선입

---

[35] 제대로 따져 보지도 않고 맹목적으로 따라가는 추종, 그것이 치러야 할 대가가 큰 이유가 바로 여기에 있는 것이다.

견을 대하는 계몽주의적 사고와 비판적 반성의 태도는 당연히 하나로 모아질 수밖에 없을 것이다. 이런 상황에서 가다머는 정말로 거장다운 물음을 하나 던지게 되는데, 그 물음으로 학계는 '권위'의 성격에 대한 대담한 반전을 경험하게 된다.

> 과연 모든 권위가 판단 능력과 분리되어 있으며, 모두 다 선입견으로 작용하게 되는 것일까? 그래서 모든 선입견을 제거하는 것이 옳다는 말인가?

대부분의 계몽주의자들이 생각하듯 권위는 정말로 맹목적 추종의 소산일까? 이에 대해서 가다머는 계몽주의자들과는 사뭇 다른 시각을 가지고 있었다. 그의 견해에 따르면, 권위도 두 가지 종류의 것이 있는데, 하나는 계몽주의자들이 말하는 맹목적인 추종이 만드는 권위이고, 다른 하나는 인정認定이라는 판단 능력이 발휘된 결과 생기는 권위이다.

후자의 경우는, 예를 들어서 자신보다 우월한 것을 인정하거나 더 나은 것을 수용하는 태도로서, 합리적인 판단 능력이 발휘되어야 가능한 일이다. 더구나 그렇게 받아들인 권위는 더 나은 것이 나타나기 전까지는 일종의 판단 기준으로 작용하게 된다. 이처럼 가다머가 보기에 우리 주변에서 권위가 판단 능력과 연결되어 있는 경우는 그다지 드문 일이 아니었다.

계몽주의가 맹목적인 추종만을 '콕' 찍어 문제를 삼았다면, 가다머 역시 그런 생각에 동의하지 않을 이유가 없었을 것이다. 그러나 계몽주의는 '올바르게 부여된 권위와 그것에 대한 자발적인 인정'이 있다는 점을 간과했으며, 그런 면에서 별로 합리적이지 못한 모습을 보였다. 그런데 진짜 문제는 오히려 그다음부터였다. '권위' 개념에 대한 가다머의 지적은 곧이어 '전통'의 의미에 대한 논란으로 이어지게 되는데, 다음과 같은 이유에서였다.

> 전통이 전통이기 위해서는 이전 것에 대한 인정, 즉 자발적인 인정이 있어야만 한다.

자발적인 인정은 다름 아닌 정당한 권위의 전제 조건이다. 전통은 정당한 권위에 의해서 유지되는 것이고, 만약 그렇지 않다면 그것의 실체는 '부당한 억압'이라 할 수 있을 것이다. 그러므로 부당한 억압이 전통이라는 가면을 벗는 순간, 그것의 권위는 즉시 사라지고 극복의 대상으로 지목될 것이다. 이러한 맥락에서 보면, 자발적인 인정이 없는 전통은 전통이 아니라 '왜곡이나 강요에 의한 억압과 굴종'에 불과할 뿐이다.

맹목적인 추종도 물론 자발적인 인정을 바탕으로 하는 경우에 속할 수는 있다. 그렇지만 그것은 전통과는 달라서 정당한 권위를 전혀 갖지 못한다. '인습因習'의 경우가 대표적이다. 비록 사람들이 자발적으로 따른다고는 하나, 판단 능력이 제대로 발휘되지 않았다고 한다면, ―그것도 속단을 피할 수 있을 정도로 충분하게 발휘되지 않았다고 한다면— 어떠한 경우를 막론하고 정당한 전통이 될 수 없다.

예를 들어서, 전통이라는 명목하에 선배가 후배에게서 금품을 빼앗는다든지 폭행을 한다든지, 그런 경우를 생각해 보자. 아무리 그들이 그것을 전통으로 생각해서 자발적으로 따랐다 할지라도, 그들이 판단 능력을 제대로 발휘했다고 볼 수는 없을 것이다. 이와 같이 전통은 인습과는 근본적으로 다른 성격을 가지고 있다. 이미 여러 차례 언급했던 바와 같이, 전통은 우리의 판단 능력이 정상적으로 작용하여 그 정당성을 인정한 경우만 가능한 것이고, 반면에 인습과 같은 것은 —비록 자발적이라 하더라도— 그러한 과정이 없이 오직 맹목적인 추종이 빚어낸 결과라 할 수 있다.

3
|
전통에 대한 두 가지 관점

어떤 논란의 대상으로 전통이 중심에 자리하고 있다면, 그 논란은 다른 어떤 경우보다도 복잡한 양상으로 전개될 가능성이 높다. 전통이라는 말의 의미상 그것이 영향을 미칠 수 있는 범위가 워낙에 넓기 때문이다. 가다머와 하버마스의 경우 역시 그러했다. 일단 전통의 성격 규정이나 의미 평가가 문제가 된 이상, 그들 사이의 논쟁도 한층 더 복잡하고 격렬한 모습으로 전개되기 시작했다.

그런 과정에서 논쟁은 한편으로 다음과 같이 우리에게도 제법 익숙한 대립구도를 형성하게 되는데, '두 학자가 애초부터 그런 의도를 실제로 가지고 있었는가?' 하는 것은 정확하게 확인하기 어려운 일이다.

전통의 형성과 보존을 강조했던 가다머는 '보수'적인 입장을 대변하는 듯했고, 전통에 대한 반성과 극복에 집중했던 하버마스는 '진보'를 대표하는 듯한 입장에 서게 되었다.

전통과 권위의 관계를 고려했을 때, 정상적인 전통이 이미 정당성을 가지고 있다는 주장은 이론異論의 여지가 없을 것이다. 그러나 정상적인 전통이라 해서 그것이 언제까지나 정상적으로만 유지되는 것은 아니다. 시간이 흐름에 따라 사람들의 생각도 바뀌고 사회적 분위기도 변해 간다. 그런 변화에 따라 전통의 가치도 ─달리 말하자면, 전통에 대한 사람들의 가치관도─ 점차 바뀌게 되고, 그러다가 더 이상 유지되기 어려운 정도에 이르면 자연스럽게 사라져 갈 것이다.

예를 들어서, 오래전 사람들이 순장殉葬[36]이라는 풍습이나 제도를

---

[36] 어떤 부족이나 국가의 지배계층에 속하는 사람이 죽었을 때, 그 사람의 첩이나 종 혹은 신하들을 죽은 사람과 함께 매장했던 장례 방식을 말한다. 자발적으로 따라 죽는 경우도 있었으나 대개는 강제로 땅에 묻혔다고 한다. 고대 유적 곳곳에 그와 같은 순장의 흔적이 남아 있다.

전통처럼 여기던 때도 있었다. 그런데 만약 지금도 그런 생각을 하는 사람이 있다면, 그 사람은 정말로 '큰일 낼 사람'이라 할 수 있을 것이다. 또 조선시대, 유교적 관습이 지배적 사회규범으로 작용하던 때에는 여자들의 신체 노출이 절대로 허용되지 않았다고 한다. 그래서 그때 여자들은 전신을 모두 가리고 장옷을 입어 겨우 앞을 볼 수 있을 정도로만 하고 다닐 수밖에 없었다. 당시에는 그런 것이 정당한 전통으로 여겨졌지만, 만약 누군가 지금도 그렇게 하고 다닌 다면, 아마도 그 사람은 우리에게 재미있는 구경거리가 될 것이다.

그러한 종류의 전통들은 대개 오랜 시간을 거치면서 서서히 변화하게 된다. 그 과정에서 변화를 가속하려는 사람들이 있는 반면, 그것을 막거나 늦추려는 사람들도 있기 마련이다. 변화를 가속하려는 쪽을 흔히들 '진보'라 부르는데, 하버마스도 전통에 대해서는 진형적으로 진보적인 성향을 보이고 있는 사람에 속한다.

시대적 흐름을 바꾸어 더 나은 세상을 만들기 위해서는 누군가가 나서서 기존의 질서를 무너뜨려야만 할 것이며, 그것은 우리의 판단 능력이 올바르게 작용한 결과이다. 과거의 병폐들을 무너뜨리고 새로운 세상을 열었던 역사상의 수많은 개혁과 혁명들, 그것들이 만약 정당한 테두리 안에서 작동하기만 한다면, 진보라는 것은 '사회 발전을 위한 에너지' 그 자체라 해도 무리가 아닐 것이다.

외형적인 측면에서 보았을 때, 가다머는 전통에 대해서 보수적인 입장을 견지하고 있는 듯하다. 그렇다면 진보적 성향의 하버마스에 대해 그는 과연 어떤 생각을 가지고 있었을까? 또한 전통에 대한 하버마스의 태도에 대해 그는 과연 무엇이라 말할 수 있을까? 비록 가다머가 전통에 대해 보수적인 입장에 서 있었다 하더라도, 그가 하버마스의 견해에 동의하지 않을 이유는 별로 없을 것이다.

전통의 형성과 보존에 우리의 판단 능력이 작용했다면, 전통의 변화와 극복에도 마찬가지로 우리의 판단 능력이 작용할 것이다. 그리고 그 모든 과정에서 우리의 판단 능력이 '올바르게' 작용했다고만 한다면, 관련된 모든 것들에는 당연히 아무런 문제도 없다. 잘라 말해서, 그 모든 것들은 의심의 여지없이 '정당하다.' 차이가 있다면, 전통의 형성과 보존이 권위에 대한 자발적인 인정에 의존하는 반면, 변화와 극복은 바로 그 권위에 대한 의심과 거부로 생기는 결과라는 것이다.

여기에서 우리가 특히 관심을 가져야 할 부분은 전통의 변화에 대한 것인데, 그에 대해서는 조금 더 자세한 이야기가 필요할 것 같다. 전통이 변하는 방식에는 크게 두 가지 경우가 있을 수 있다. 하나는 점차적으로 변해 가는 것이고, 다른 하나는 급격하게 소멸해 버리는 것이다. 우리가 갑자기 전통을 버리지 않고 단지 완만한 변화를 따라가고 있다면, 이는 우리가 여전히 전통의 가치를 인정하며 계속해서 새로운 권위를 부여하고 있다는 의미가 된다. 그렇다면 급격한 변화로 단시간 내에 전통이 붕괴하거나 소멸하는 경우는 어떠할까?

앞에서 이야기했던 서양사에 대한 간략한 소개를 머리에 떠올려 보기로 하자. 고대에 이어 중세가 등장했고, 중세가 무너지자 근대가 문을 열었으며, 근대의 실패는 현대로 넘어가는 계기가 되었다. 각 시대에서 다음 시대로 넘어간다는 것, 그것은 '일순간에' 어떤 시대적 특징이 완전히 사라지고 갑자기 전혀 다른 상태로 바뀌었다는 것을 의미할까? 매우 매우 매우 특수한 경우가 아니라고 한다면, 그런 일은 거의 불가능할 것이다. 길든 짧든 과도기는 있기 마련이고, 때로는 그 과도기가 너무 길어져서 '시대적인' 혼란이 지속되기도 한다.

근대의 건축을 예로 들어 보자. 근대는 중세가 무너진 다음에 빈 자리를 대신했던 시대를 말한다. 중세가 붕괴할 조짐은 이미 오래 전부터 조금씩 나타나고 있었으나, 르네상스 이후의 변화는 그 전과 비교했을 때 상당한 정도로 가속이 붙어 있었다. 그럼에도 불구하고 근대의 건축에는 여전히 중세의 흔적이 강하게 남아 있었으며, 거기에 고대의 건축양식을 더하여 흔히들 말하는 '짬뽕'의 형식이 나타나게 된다.[37]

아무리 급격하게 변한다 하더라도 —우리가 급격한 붕괴나 소멸이라 여기는 경우라 할지라도— 지난 시대의 것은 완전히 사라져 버리는 것이 아니라, 조금이라도 남아서 다음 시대에 어떤 식으로든 영향을 미치게 된다. 전통이 강한 생명력을 갖는 것도 우리의 삶 속에 상당히 깊이 녹아들어 있기 때문이다. 물론 시간이 흐르고 흐르

---

[37] 열주(列柱)식 건축은 고대 건축양식의 두드러진 특징들 중 하나이다. 근대에는 중세식 성당 건축에 고대 열주식 건축을 더한 형태가 많이 나타났다.

다 보면 그 강한 생명력조차도 조금씩 약해질 것이고, 그러다가 언젠가 다른 삶의 방식이 새로운 전통으로 자리를 잡게 되기는 할 것이지만 말이다.

이 같은 변화는 매우 자연스러운 것이며, 변화를 피할 방법도 없는 것 같다. 그런데 전통의 생성에서 소멸까지 그 모든 과정 중에 무엇인가 불순한 어떤 것이 ―예를 들어서 누군가의 불순한 의도 같은 것이― 끼어들어서, 전통의 자연스러운 변화와 흐름을 방해할 수도 있지 않을까? 다시 말해서 '전통의 형성이나 보존은 물론이고 변화나 소멸 그 모든 단계에서 누군가의 불순한 의도가 끼어들고, 그 결과 우리의 판단 능력이 올바르게 작동하지 못할 수도 있지 않은가?' 하는 것이다. 충분히 의심이 가는 이야기이다. 그리고 만약 정말로 그런 일이 생겼다고 한다면, 그것이 의미하는 바는 이러할 것이다.

그 불순한 의도가 우리를 '우리가 알아채지 못하는 사이에' 왜곡된 시대에 살게 만들었다.

2차 세계대전의 두 전범戰犯 국가인 일본과 독일을 생각해 보자. 수많은 젊은이들이 일왕과 총통을 위해 기꺼이 목숨을 바쳤으며, 어떤 이들은 앞장서서 그들을 그런 허망한 죽음으로 내몰기도 했다. 또한 그보다 더한 일에 앞장을 서는 사람들도 있었는데, 많은 사람들이 그런 말도 안 되는 일들에 적극적으로 지지를 보내기도 했다. 당시에 세상은 한마디로 '미쳐 돌아가고' 있었고, 세상이 그렇게 돌아갔던 근본적인 이유는 사람들의 판단 능력이 올바르게 작동하지 못했기 때문이다.

악질적인 지도자들은 교묘한 속임수를 써서 사람들을 현혹시켰다. 속임수의 효과가 떨어지면 위협을 했고, 위협이 통하지 않으면 또 다른 속임수를 동원하기를 반복했다. 이런 과정을 거치면서 사람들의 판단 능력은 점점 더 마비가 되어서, 결국에는 자기가 하는 일이 무슨 의미를 갖는지, 또한 어떤 결과를 초래할 것인지조차 깨닫지 못하는 지경에 이르게 되었던 것이다.[38]

우리의 판단 능력이 올바르게 작동하지 못한다면, 우리는 외부로부터의 억압이나 왜곡에 적절하게 대응할 수 없다. 그럴 경우 이 세상은 얼마든지 다시 그렇게 '미쳐 돌아가게' 될 수도 있는 일이다. '역사로부터 배우라!' 그 말에 담긴 의미는 역사로부터 얻는 교훈이 결국 우리의 판단 능력을 더욱 강하게 만든다는 사실, 바로 그것일 것이다.

역사로부터 얻은 교훈과 같은 종류의 판단 능력은 전통의 형성과 변화, 그리고 소멸에 이르기까지 쉼 없이 작동하여, 역사의 흐름을 올바르게 이끄는 원동력이 된다. 그래서 전통을 제대로 이해하고 있는 사람들은 전통의 유지만을 고집하지 않으며, 변화를 거부하지도 않는다. 완만한 변화도 그러하거니와 급격한 변화를 추구하는

---

38 단지 소수의 사람들만이 판단 능력을 올바르게 발휘해서, 그 속임수의 실체를 알아챌 수 있었을 뿐이다. 그들 중 일부가 나서 저항하고자 했으나, 이미 대세가 기운 상황에서 그들이 (선택)할 수 있는 일은 그리 많지 않았다.

경우라 할지라도, 만약 정상적이고 정당한 것이라고 한다면, 그 변화는 분명히 역사로부터 배운 교훈을 바탕으로 하고 있을 것이다.

'역사로부터 배운 교훈'이란 무엇을 말하는가? 전통으로부터 얻은 경험과 무관한 것인가? 결코 그렇지 않다. 한때 새롭다고 느꼈던 전통이 더 이상 우리에게 맞지 않는다고 생각한다면, 우리는 그것을 바꿔 나가거나 때로는 아예 없애 버리기도 한다. 이런 일이 가능한 것은 우리가 이미 과거로부터 축적된 많은 경험들을 가지고 있기 때문이다. 여기에서 말하는 '과거로부터 축적된 많은 경험들' 그것이 바로 전통 속에 녹아 있는 교훈, 즉 역사의 가르침이 아니고 무엇이겠는가?

하버마스는 전통의 형성으로부터 소멸에 이르기까지 모든 과정에 불순한 의도가 개입되었을 가능성을 항상 의심해야 한다고 주장한다. 그러나 '정당한 의심을 갖는 것', 그렇게 우리의 판단 능력이 올바르게 작동하는 것, 그런 일에 반드시 전제되어 있는 조건은 무엇인가? 당연히 '전통으로부터 얻는 교훈, 역사가 주는 가르침' 같은 것이 아니던가? 그렇다면 지금 이야기가 도대체 어떻게 흘러가고 있는 것인가?

전통에 대해서 의심하고 변화를 추구하며 때로는 극복하고자 하는 하버마스의 노력도 결국은 가다머가 주장하는 전통의 테두리 안에서 가능하다는 의미가 되는 것이 아닌가? 전통에 대한 비판적 반성이 오히려 전통 안에서 가능하다면, 우리가 전통 안에 담겨 있는 왜곡이나 억압을 찾아내려는 시도는 어떤 면에서는 마치 '몸을 씻었던 물을 가지고 계속해서 우리의 몸을 헹구는 것'과 도대체 무엇이 다르겠는가?

4

전통의 작용과 우리의 의식

　우리가 전통을 우리 앞에 놓아두고 세밀하게 관찰하면서 잘못된 점을 찾아낼 수 있다고 한다면, 가다머와 하버마스 사이에 이렇게 골치 아프고 복잡한 논쟁은 처음부터 일어나지도 않았을 것이다. 대단히 안타깝게도 전통은 절대로 우리가 그런 식으로 분석할 수 있는 종류의 어떤 것이 아니다. 상식적으로만 생각해 보아도, 전통은 일반적인 사물들과는 성격이 전혀 달라서, 하나의 대상처럼 —거리를 두고— 마주 대할 수 없다. 그러니 전통에 대한 학자들의 태도나 의견도 그들 각각의 학문적 배경에 따라서 여러 가지 다른 모습으로 나타나게 되는 것이다.

　문제는 '우리 자신'이다. 우리 자신이 전통의 영향 안에서 살아갈 수밖에 없기 때문에, 전통에 대한 논의는 우리 자신의 성격 규정과 직·간접적으로 연결되기 마련이다. 그런 이유로 전통을 이야기하는 가운데에서도 우리는 그것이 우리 자신과 어떤 관계에 있는지에 대한 관심을 절대로 놓쳐서는 안 된다. 가다머의 견해에 따르면, 그

'관계'는 바로 이러한 것으로 드러나게 된다.

　　전통은 우리가 어떤 '관점'을 가질 수 있도록 해 주며, 우리는 그
　러한 관점을 바탕으로 생각을 하게 된다.

　그렇다면 가다머가 말하는 '우리'는 정확하게 누구를 말하는 것일
까? 전통의 영향을 받으면서 어떤 관점을 갖게 되는 우리는 누구이
며, 그런 관점을 가지고 생각하는 우리는 또한 누구인가? 그것은 결
국 우리의 '의식'을 말하는 것이 아닌가?

　가다머는 우리와 전통 사이의 떼려야 뗄 수 없는 관계를 '우리가
전통 안에서 살고 있다'라는 말로 표현한 바 있다. 그리 대단하거나
어려운 이야기는 아니다. 우리가 어떤 사회 안에서 살아가든지 당
연히 우리는 그 사회의 전통 안에서 살아가게 되며, 그 전통은 우리
의 사고방식이나 생활양식에 지대한 영향을 미치게 된다. 그러나
여기에서의 '우리'가 '우리의 의식'으로 구체화되는 순간, 지금의 이
야기도 학문적으로 조금 더 깊이 들어가, 새로운 차원에서 이어지게
될 것이다.

　전통의 영향 아래에서 살아가는 우리, 전통의 기반 위에서 형성
된 우리의 관점, 그런 관점을 바탕으로 활동하는 우리의 의식, 이 모
두를 하나로 모아 가다머는 영향사적 의식이라 불렀다. 그러므로
영향사적 의식이라는 말 안에는 크게 두 가지 내용이 담기게 된다.
하나는, 우리의 관점은 전통의 영향이 누적되어 형성되었다는 것이

고, 다른 하나는, 우리의 의식은 그렇게 형성된 관점을 바탕으로 활동한다는 것이다.

결국 영향사적 의식은 —우리의 의식이— '누적된 전통의 영향을 받으며 활동하는 의식', 더 간단하게 말해서 '지속적으로 전통의 영향을 받고 있는 의식'이라는 것이다.

우리의 생각, 즉 우리 의식의 활동은 그 자체로 이미 전통의 영향을 전제하고 있다. 따라서 누군가 '우리가 전통의 영향으로부터 벗어날 수 있다'라고 주장한다면, 우선 이런 식으로 들릴 것이다. '우리의 의식으로부터 전통의 영향을 제거해서, 영향사적 의식을 순수한 의식으로 만들 수 있다.' 그러나 사실상 이렇게 말하는 것과 다름이 없다.

"우리는 우리의 의식으로부터 벗어날 수 있다."

다시 말해서, "우리가 원한다면, 우리는 우리가 아닐 수도 있다."

비슷한 맥락에서, 이번에는 누군가가 다른 사람을 대상으로 의식에 영향을 미치고 있는 전통의 내용을 알아내려 하는 경우를 생각해 보자. 이 작업이 유효한 결과를 얻기 위해서는, 먼저 그런 내용을 알아내려는 사람이 자신의 의식 밖으로 나갈 수 있어야 한다. 그렇지 않을 경우 그 사람이 하려는 일은 결국 이런 것이 되어 버리고 말기 때문이다.

어떤 사람이 자신도 전통의 영향을 받고 있는 상태에서,

타인에게 영향을 미치고 있는 전통의 내용을 알아내려 한다.

위 상황에서 만약 그가 실제로 알아낸 것이 있다고 한다면, 그것은 도대체 무엇일까? 자신의 전통인가, 아니면 타인의 전통인가? 이도 저도 아니다. 그가 한 일은 그저 이런 것에 불과할 뿐이다. '먼지가 잔뜩 묻은 손으로 다른 사람 옷에 묻은 먼지를 털어 보겠다는 것.'

전통의 영향으로부터 벗어나는 것, 그것은 의식 밖으로 나가지 않으면 불가능한 일이다. 그럼에도 불구하고 그러한 시도를 고집하는 사람은 아직도 '상황' 파악이 제대로 되지 않은 것이다. 우리가 영향사적 의식이라는 상황, 다시 말해서, 우리가 예외 없이 '전통으로부터 영향을 받고 있는 의식'이라는 상황 말이다.

가다머는 우리를 '이해하는 존재'로 파악하면서, 그 과정에서 우리 의식에 대한 선입견의 영향과 역할을 긍정적으로 평가한 바 있다. 그때부터 상당히 곤란한 문제가 발생하기 시작했는데, 상식적으로만 생각해 봐도 선입견은 당연히 극복의 대상이지, 그것에 대해 긍정적인 시각을 갖는 것은 몹시도 찜찜한 일이 아닐 수 없다. 또한 선입견을 긍정하는 것은 학문적으로도 대단히 위험한 발상이 될 수 있다. 특히 하버마스와 같이 '비판적' 학문을 하는 입장에서 본다면, '내용이 확실치 않은 어떤 것(의 영향)을 그냥 묵인하고 받아들이라'는 말과 같기 때문에, 그로서는 그것이 도저히 묵과할 수 없는 '소리'

로 들릴 것이다.

정당한 권위라는 관점에서 보면, 전통의 생명은 자발적으로 인정된 권위에서 나온다. 그러나 자발적으로 인정한다고 해서, 모든 전통이 정당하다고 결론을 내리기에는 아무래도 섣부른 면이 있다. 모두가 인정하는 것이라 하더라도, 만약 내용에 대한 철저한 검증이 없었다고 한다면, 그것이 올바르다 누가 장담을 할 수 있겠는가? 내용에 대한 검증의 요구는 전혀 잘못된 것이 아니다. 그러나 문제는 '검증이 정말로 가능하겠는가?' 하는 것이다. 가다머는 처음부터 '불가능하다'고 단언하고 있는 반면, 하버마스는 자신의 요구가 합리적이라는 입장에서 여전히 가다머의 빈틈을 찾고 있는 중이다.

두 학자가 서로 의견을 주고받는 사이에 이야기의 전체적인 흐름은 점차 '의식'으로 모아지게 된다. 하버마스가 요구하고 시도하는 '내용 검증'도 결국은 의식이 하는 것이고, 가다머가 말하는 '이해'도 결국은 의식에서 발생하는 것이기 때문이다. 가다머는 의식의 활동에 선입견, 혹은 전통의 작용이 전제되어 있음을 주장하고 있으며, 하버마스는 어떤 내용의 작용인지 검증하지 않고서는 그 정당성을 받아들일 수 없다며 맞서고 있다.

표면적으로 보면 하버마스가 맹공을 퍼붓고 있는 것 같지만, 정작 유리한 고지에 올라 있는 것은 가다머인 것처럼 보인다. 처음부터 가다머는 우리의 의식이 영향사적 의식이라는 것을 다름 아닌 우리의 '존재'에 결부시켜 놓고 있었기 때문이다. 이처럼 '의식'이 논의의 중심에 자리하게 되면서, 하버마스가 조금 더 불리한 입장에 놓이게 된 것은 어쩔 수 없는 일이었다. 그러나 여기에서 다시 한번 놀라운 반전이 우리를 기다리고 있는데, 앞에서 이야기했던 그 '새로운 차원'의 이야기가 지금 막 시작되는 순간이 온 것이다.

어떤 이야기에 의식이 등장하면, 자연스럽게 무의식 이야기가 따라 나오기 마련이다. 바늘 가는 곳에 실도 가는 식으로 어떤 한쪽 이야기가 나오면, 곧바로 다른 한쪽 이야기도 딸려 나오게 된다. 그 어느 한쪽이 가다머가 말하는 '전통의 영향을 받는 의식'이든, 혹은 하버마스가 말하는 '전통을 반성하는 의식'이든 상관 없이 말이다.

가다머와 하버마스 사이의 논쟁, 그 주된 무대가 지금까지 해석학과 사회과학(혹은 비판적 사회이론)이었다고 한다면, 의식과 무의식 이야기가 나오게 된 이상, 이제 무대는 점차로 심리학이나 정신분석(학) 같은 곳으로 옮겨 가게 될 것이다. 이렇게 이야기의 무대 자체가 바뀌게 되었기 때문에, 논쟁의 전체적인 흐름도 지금까지가 전반전이었다면, 앞으로 펼쳐질 이야기는 후반전에 해당한다고 볼 수 있겠다.

제4장

정신분석학과 논쟁: 이론언어는 일상언어의 왜곡을 감시한다

Frenemy

1

정신분석학과 무의식

심리학과 정신분석으로 이야기의 무대를 옮기기 전에, 먼저 해야 할 일이 한 가지 있다. 그 두 가지 학문이 어떤 성격을 가지고 있는 지를 개략적으로 살펴보는 것이다. 우선 심리학의 시조, 그중에서 도 제대로 된 심리학의 시조는 우리들에게도 제법 익숙한 프로이트 Sigmund Freud였다.

프로이트 이전에도 물론 여러 부류의 심리학들이 있기는 했다. 그러나 이전의 심리학은 학문적으로 부실한 면이 지나치게 많았다. 그래서 프로이트는 자신의 심리학을 기존의 심리학과 차별화하려 는 의도를 가지고 '정신분석(학)'이라 불렀을지도 모른다. 다시 말해 서, 심리학자였던 프로이트가 기존 심리학의 학문적 한계를 극복하 고, 새로운 심리학으로서 정신분석을 창시했다는 것이다. 특히 그가 썼던 『정신분석입문』은 심리학 분야에 새로운 기운을 불어넣었을 뿐만 아니라, 거의 모든 학문 분야에 걸쳐 대단히 많은 영향을 미치게 된다.

프로이트는 『정신분석입문』의 서론에서 정신분석의 학문적 특징을 세 가지로 나누어 설명하고 있는데, 그 의도는 일반적인 의학과 정신분석의 차이점을 밝힘으로써 정신분석의 학문적 성격을 분명히 하려는 것이었다.

> 첫째, 정신분석적 치료는 의사와 환자 사이의 대화를 통해서 이루어진다.
> 둘째, 정신적인 문제는 흔히 신체적인 문제로 나타나는데, 그 둘 사이의 공통적인 기반을 밝힌다.
> 셋째, 사람의 정신을 의식적 사고와 무의식적 욕망으로 나누어 생각한다.

프로이트는 사람들이 나누는 대화가 '서로를 화합하게 하기도 하고 분열시키기도 한다'는 측면에서 우리 모두에게 매우 중요한 역할을 한다고 주장한다. 대화의 그러한 중요성을 고려했을 때, 의사와 환자 사이의 대화 역시 치료의 방법으로서 전혀 손색이 없다는 것이다. 프로이트의 생각처럼, 대화의 가치나 의미, 혹은 그것의 치료적 역할을 부정할 이유는 별로 없을 것이다. 그럼에도 불구하고 프로이트의 생각을 그대로 받아들이는 것이 정말로 합당한 일인지에 대해서는 아무래도 여러 가지 의견이 나올 수 있을 것 같다.

배가 아파서 병원을 찾은 환자가 있다고 가정해 보자. 의사가 환자의 이야기를 듣고 아무런 검사도 없이 그냥 진단을 내린다면 어떻게 될까? 예를 들어서, 한의사가 진맥을 보거나, 양의사가 청진기를 대는 진찰의 과정이 없이, 혹은 이러저러한 전문 의료기기의 도움이 없이, 의사가 오직 환자가 하는 말만 듣고 곧바로 효과가 좋은 소화제를 처방해 주었다고 해 보자. 그런데 환자의 통증이 소화불량과 매우 유사하기는 했지만, 사실은 단순한 소화불량이 아니라 서둘러 치료하지 않으면 죽을 병이었다면 어떻게 할 것인가?

대화만 가지고 하는 진단과 치료가 정확성이라는 측면에서 어느 정도 약점을 갖는 것은 분명해 보인다. 더구나 말이라는 것이 '상황에 따라 다르게 이해될 수도 있다'는 점을 고려한다면, 정신분석의 오진誤診 가능성은 다른 의학 분야들에 비해서 상대적으로 높을 수도 있다. 그렇다면 우리가 의학으로서 정신분석을 신뢰하고, 그 분야의 의사들과 ─치료를 목적으로─ 대화를 나누는 것이 그다지 현명하지 못하다고 말할 수 있을까?

전혀 그렇지 않다. 겉으로 보기에 정신분석이 필연적인 한계에 묶여 있는 것 같지만, 잘 살펴보면 정신분석은 그런 한계를 뛰어넘을 만한 '특수성' 또한 가지고 있다. 그런데 이 특수성은 정신분석이 원래부터 가지고 있는, 혹은 그 자체에 내재되어 있는 것이 아니다. 그것은 정신분석의 대상으로부터 온 것으로, 특수한 성격의 증세를 다루기 위해서 그에 맞게 만들어진 특수한 치료 방식이다. 말 그대로, 증세가 특수하니 치료도 특수한 방식, 즉 대화를 중심으로 이루어진다는 것이다.

이런 환자가 있다고 해 보자. 원인 모를 통증에 시달리고 있어서, 그 환자는 소위 용하다는 한의사·양의사는 다 찾아다니면서, 별의별 검사를 다 받아 보고 좋다는 약도 다 써 보았다. 하지만 온갖 치료에도 불구하고, 그는 도저히 통증에서 벗어날 수 없었다. 그런데 통증의 원인이 환자의 몸이 아니라, 사실은 정신[39]에 있었던 경우라고 한다면 어떨까? 그 환자는 결과적으로 헛되이 돈 버리고 시간 버리면서, 공연한 고통에 시달리고 있었던 셈이다. 만약 그 환자가 자신의 통증이 몸의 이상으로부터가 아니라, 정신적인 원인으로부터 오는 것임을 진작에 알았더라면 상황이 어떻게 바뀌었을까?

정신분석의 주된 대상은 물론 정신이다. 하지만 그것은 '정신분석이 오직 정신에만 관심을 둔다'는 뜻은 아니다. 정신분석은 대화를 통해서 환자의 정신은 물론이고 환자의 몸에 나타나는 변화나 행동의 특성까지도 모두 살핀다. 다시 말해서, 정신분석의 대상은 '정신, 정신과 몸의 관계, 정신과 행동의 관계'까지를 모두 포함한다는 것이다. (반면에 일반적인 의학의 경우, 대부분 환자의 몸에 나타난 병증에만 관심이 집중되어 있다.) 그러므로 '정신분석이 일반적인 의학이 다루기 어려운 대상을 다룬다' 말해도, 아무 문제될 것이 없다.[40]

[39] 정신분석 이야기를 하는 중이니 '정신'이라고 하는 것이지, '마음'이라고 한다면 이야기가 훨씬 더 쉽고 편할 것이다.
[40] 그러나 이것은 프로이트 당시의 이야기일 뿐이다. 지금의 의학은 그때보다 훨씬 발전했

~

　프로이트 이전의 심리학에서 정신은 사실상 의식을 나타내는 말이었다. 한마디로 의식이 정신의 전부였던 것이다. 하지만 프로이트는 의식에 맞선 개념으로 무의식을 가정했고, 그것으로 정신이라는 말 안에는 의식과 더불어 무의식이 자리하게 된 것이다. 프로이트는 이를 두고, '정신분석이 세계와 과학에 있어서 새로운 문을 열었다'라고 자평自評하고 있는데, 전혀 과장이나 허세가 아니었다. 무의식의 발견은 마치 또 다른 차원의 우주를 발견한 것과도 같아서, 그로 인해 우리는 그 '또 다른 차원의 우주'로부터 우리가 알고 있는 우주를 새로운 눈으로 바라볼 수 있게 되었던 것이다.

　과학자들은 이따금 '우리가 우주에 대해서보다도 바다에 대해서 아는 것이 없다'고 말하곤 한다. 그럴 수도 있을 것 같다. 그러나 무의식의 존재를 놓고 생각해 보면, 오히려 이렇게 말하는 것이 더 정확할 것이다. '사람들은 우주에 대해서보다도 바다에 대해서보다도, 정작 자기 자신에 대해서 아는 것이 없다.'

　의식만 놓고 따지던 시대에 무의식의 등장은 학문적으로 또 다른 차원이 열린 것을 의미했다. 새롭게 열린 차원을 고려해서, 정신분석의 학문적 관심이나 학문적 과제를 압축적으로 표현해 보자면, 아

　기 때문에, 이 이야기를 지금 상황에 그대로 적용하는 것은 별로 바람직한 일이 아닌 듯 싶다.

마도 이렇게 될 것이다.

 의식적 사고에 작용하는 무의식적 욕망의 성격이나 의미를 밝
 히는 것.

 무의식이라는 것이 정말로 있을까? 만약 누군가 '있다'라고 말한
다면, 그 사람은 어떻게 무의식이 있다는 것을 알 수 있을까?[41] 이 물
음에 대해서 아마도 프로이트라면 '있다, 없다'를 따지기에 앞서, 우
선 이렇게 반문할 것이다. '혹시 실수를 해 본 적이 있는가?' 물론 우
리는 이따금 실수를 한다. 실수는 우리 생활에서 매우 자주 일어나
는 일이다. 그런데 실수와 무의식이 도대체 무슨 관계가 있다는 말
인가?
 우리가 범하는 실수의 대표적인 형태는 말할 때 벌어지는 실수
이다. 여기서 말하는 실수는 잘 모르거나, 혹은 눈치가 없어서 하는
'말실수'와는 성격이 완전히 다르다. 우리는 쉽고 편안한 이야기를
나누고 있다가도 이따금 말이 꼬여서 헤매게 되기도 하고, 전혀 생
각지도 않은 말이 갑자기 튀어나와서 당혹스러운 상황에 빠지게 되

---

41 무의식은 말 그대로 '우리의 의식 밖에 있는', 그래서 '의식할 수 없는' (어떤) 것이다. 그러
    므로 우리가 '무의식이 있다'라고 말한다면, 그것은 '의식할 수 없지만, 어떤 것이 있(음을
    안)다'고 말하는 것과 같다. '우리가 어떤 것에 대해서 안다'는 것은 먼저 그것이 우리의
    의식 안으로 들어오고, 우리가 그것을 의식해야 비로소 가능한 일이다. 그러므로 '무의
    식이 있다'는 말은 일단 대단히 모순적인 내용을 이미 그 안에 담고 있는 셈이다.

기도 한다. 긴장을 하고 있든 편안한 상태에 있든, 혹은 정신을 차리고 있든 그렇지 않든, 그런 실수는 수시로 일어난다. 그런데 도대체 왜 이런 실수들이 생기는 것일까?

말을 하는 것은 우리 의식이 활동한 결과이다. 그러므로 말을 할 때, 앞서 이야기했던 종류의 실수가 있었다고 한다면, 그것은 무엇인가가 우리의 의식을 방해했기 때문이라고 보아야 할 것이다. 만약에 우리가 아무런 방해 없이도 실수를 범하게 된다면, 마치 '원인이 없이도 결과는 발생한다'고 이야기하는 것과 같다. 그렇다면 무엇이 우리의 의식을 방해했던 것일까?

두 가지 가능성이 있을 수 있겠다. 하나는 함께 있던 누군가로부터, 혹은 주변에 있던 무언가로부터 우리의 의식이 방해를 받은 경우이다. 하지만 그런 경우는 지금의 이야기와는 별로 관계가 없을 것이다. 또 다른 하나는 주변의 무엇으로부터도 방해를 받지 않는 경우이다. 그렇다고 한다면 용의자는 단 하나뿐이다, 우리의 의식을 방해했던 것은 바로 자기 자신이라는 것이다.

자기 자신이 자기 의식을 방해하는 경우, 그 결과로서 나타나는 것이 '실수'이다. 그런데 여기에서 '자기 자신'이란 정확하게 누구를 말하는 것일까? 방해를 받은 자기 자신은 당연히 의식이겠고, 그런 의식을 방해한 자기 자신은? 그렇다! 바로 무의식이다. 이러한 내용을 먼저 정리해 두고, 그다음에 말할 때 실수가 나타나는 원인을 따져 본다면, 결국 우리가 찾고자 했던 답은 이러한 모습으로 드러나게 될 것이다.

우리의 의식이 무엇인가를 말하려 할 때, 거기에 무의식이 어떤 의도를 가지고 개입하게 된다면, 우리가 원래 가졌던 의도, 즉 의식의 의도는 방해를 받게 되고, 그 결과 '실수로' 어떤 말이 나오게 되는데, 이것이 바로 말할 때 이따금 실수가 발생하는 이유이다.

실수는 무의식의 의도가 의식의 의도에 어떤 영향을 미쳐서 발생하게 된다. 그러므로 실수는 아무 이유도 없이 그냥 일어나는 것이 아니라, 어떤 구체적인 의도가 반영된 결과(물)로서 분명한 '의미'를 지니고 있다. 그런데 만약 우리가 '의식이 가지고 있던 본래 의도'와 '결과로 드러난 말실수'가 무엇인지 정확하게 알고 있다면, 혹시 의식에 작용했던 무의식의 의도를 추론해 낼 수 있지는 않을까? 프로이트는 그러한 추적이 충분히 가능하다고 생각했다.

어떤 할머니가 오랜만에 아들 부부의 집에 와서 얼마간 지내다가, 자신의 시골집으로 돌아가려 하고 있다. 할머니의 며느리는 문 앞에서 자신의 아이들, 즉 할머니의 손자, 손녀들에게 이렇게 말했다.[42]

"할머니 가신단다, 너희들이 나가서 배웅해 버리고 와라."

---

[42] 프로이트도 『정신분석입문』 첫 부분에서 비슷한 사례를 소개하고 있다. 어떤 청년이 처음 보는 아가씨에게 나름 자연스럽게 말을 걸어 보려 했는데, 너무 긴장을 했던 탓인지 청년은 말을 더듬게 되었고, 그 결과 청년의 입에서는 조금 '이상한' 말이 튀어나오고 만다.

그 며느리는 소위 '고등 교육'을 받은 사람이었을 뿐만 아니라, 주변으로부터도 차분하고 교양 있는 사람이라는 칭찬을 듣고 있었다. 그러니 그 말을 들은 사람들은 당연히 그것을 실수라 여기면서 그냥 웃고 지나갔을 것이다. 순박한 그 할머니 역시 며느리가 자신 때문에 며칠간 고생을 해서 그런 것이라 생각하면서, 그것을 별로 대수롭게 여기지 않을 것이다. 그런데 만약 프로이트라면, 그도 과연 그렇게 생각을 할까?

며느리는 시어머니가 그곳에 와 계신 것이 몹시 불편했다. 하지만 도리상, 예의상 전혀 그런 내색을 할 수 없었고, 단지 속으로만 시어머니가 조금이라도 빨리 시골집으로 돌아가시기를 바라고 있었다. 그러던 중에 시어머니는 드디어 시골집으로 가시게 되었고, 시어머니가 문을 나서던 때에 며느리는 아이들에게 당연히 이렇게 말을 하려고 했을 것이다.

"할머니 가신단다, 너희들이 나가서 배웅해 드리고 와라."

이 상황에 대해서는 이러저러한 해석이 가능할 것 같다. 예를 들어서, 이런 상황을 생각해 보기로 하자. 시어머니가 계신 동안 날씨가 몹시 추웠다. 그래서 며느리는 쓰레기를 제때 내다 버리지 못했고, 부엌 한쪽 구석에 대충 쌓아 두었다. 그러면서 며느리는 '혹시 시어머니가 그것을 나쁘게 보지나 않을까' 은근히 마음을 졸였다. 그런 생각들이 이리저리 뒤얽혀 있다가, 그 순간 자신도 모르게 '배웅해 드리고 와라'는 말이 아니라, '배웅해 버리고 와라'는 말이 튀어나왔을 수도 있다.

또 이렇게 해석할 수도 있겠다. 며느리는 시어머니를 정성을 다해 대접했으나, 불편한 것은 어쩔 수 없는 일이었다. 나름 불편함을 참고 견디며, 그리고 겉으로는 아무렇지도 않게 며칠을 보냈지만, 결국은 자신도 모르는 사이에 '배웅해 버리고 와라'라는 엉뚱한 말이 나왔던 것이다. 그 말은 '배웅해 드리고 와라'와 '쫓아내 버리고 와라'가 뒤섞인 결과였다.[43] 전자는 당연히 의식이 가졌던 의도일 테고, 후자는 무의식이 가졌던 의도일 것이다. 무의식은 의식을 방해했고 결국 의식은 (말)실수를 범하게 되었다.

어느 쪽으로 해석을 하든 상관없다. 중요한 것은 의식만 가지고는 이런 실수가 일어나는 이유에 대해서 설명이 불가능하다는 것이다. 어떠한 경우에도 우리는 '아무런 이유 없이' 실수를 범하지 않는다. 외부로부터의 방해가 없었다고 한다면, 실수는 내부의 갈등 탓에 발생하는 것이다. 즉 의식의 의도에 무의식의 의도가 개입해서, 의식의 의도가 무의식의 의도로부터 방해를 받은 결과로 발생한다는 것이다. 우리가 아무리 조심하고 아무리 집중한다 하더라도, 실수는 일어나기 마련이다. 오히려 조심을 하면 할수록, 또 집중을 하면 할수록 실수는 더 잘 일어나는 경향이 있다.

---

[43] 이 일에 대해서 프로이트는 아마도 이런 식으로 해석했을 가능성이 높다.

2

증세의 종류와 정신분석의 방식

치료를 목적으로 환자를 대하는 한, 다른 의학 분야들과 마찬가지로 정신분석도 환자의 증세에 따라서 분석이나 치료의 방식을 달리한다. 정신분석에서 환자의 증세는 주로 정신적 갈등 때문에 생기는데, 정신분석 전문가, 즉 의사는 우선 그 갈등 때문에 나타나는 표현이 정상적인 것인지 아니면 비정상적인 것인지를 판단하게 된다.

만약 그 표현이 정상적인 범위에 속해 있다면, 의사가 해야 할 일은 간단한 상담을 통해서 환자의 긴장이나 우려를 가라앉히는 것이다. 이때 정신적 갈등의 표현이 정상인지 비정상인지 판단하는 일에는 물론 전문성이 필요하겠지만, 그 이후의 일은 전문 의학의 차원에서 이루어지는 일이라 하기 어려울 것이다.[44]

문제가 되는 것은 환자의 정신적 갈등이 자신의 일상생활을 어렵게 할 정도로 심각해지는 경우이다. 그 정도가 되면 환자 스스로의 힘만으로는 갈등을 벗어나기 어렵기 때문에, 이때부터는 의사의 도움이 선택이 아니라 필수가 될 가능성이 높다. 소위 '노이로제neurose'

---

[44] 누구나 실수를 하고, 누구나 꿈을 꾼다. 연이은 실수나 연이은 악몽이라 할지라도, 대부분의 경우는 '시간'이라는 약이면 충분하다. 이러한 경우는 사실 증세라 하기도 어렵다. 그러므로 만약 누군가가 이 정도 문제를 가지고 전문가를 찾는다고 한다면, 치료를 위한 것이기보다는 심적인 위로나 안정을 얻기 위한 것으로 보아야 할 것이다.

라고 하는 것은 그러한 갈등이 원인이 되어 나타나는 증세의 대표적인 경우에 속한다.

의사는 환자의 일상에 대한 이야기를 들으면서 노이로제의 원인이 어디에 있는가를 알아내려 노력한다. 그러다가 원인을 찾아내면, 환자의 노이로제와 원인을 연결시켜서 환자 스스로 갈등을 극복할 수 있도록 돕는다. 만약 원인과 결과가 제대로 연결되었다고 한다면, 그리고 환자가 그 연결을 받아들이기만 한다면, 이미 치유를 위한 실마리를 찾은 것이기 때문에, 그다음 일은 그리 어렵지 않게 진행될 수 있다. 다음의 두 가지 사례가 그러한 경우에 해당한다.

어떤 사람이 외출을 하다 말고 다시 집에 돌아오기를 반복하는 문제로 정신분석 전문의를 찾았다. 그는 가스밸브나 수도꼭지를 제대로 잠갔는지, 혹은 전등을 다 껐는지 눈으로 직접 확인을 하지 않으면 불안해서 견딜 수가 없었다. 그래서 매번 외출을 하려고 집을 나섰다가는 다시 돌아와 확인을 하고, 또 다시 집을 나섰다가 돌아오기를 몇 번씩이나 반복하게 되었다.

그는 직장에 지각하는 일이 잦아졌고, 이따금은 직장에 출근을 했다가도 이것저것 확인하기 위해서 다시 집으로 돌아오는 일조차 있었다. 그의 머릿속에는 온통 그런 불안으로만 가득 차 있었기 때문에, 다른 어떤 일도 제대로 할 수 없었다. 시간이 갈수록 그의 생활은 점점 더 엉망이 되어만 갔다.

의사가 먼저 알아야 할 사항은 '환자의 노이로제의 원인이 어디에 있는가?' 하는 것이다. 그래서 의사는 환자의 노이로제 자체에 직접적인 관심을 두기보다는 환자의 삶의 역사 속에서, 혹은 비교적 근래의 생활 속에서 특징적인 단서를 찾으려 집중한다. 그러다가 의사는 환자가 청소년기에 접어들었을 때, 환자의 부모가 이혼했다는 사실을 알게 되었다.

환자가 기억하는 이혼의 주된 원인은 환자 아버지의 경제적 무능 때문이었다. 특히 환자의 부모는 이혼하기 며칠 전에 부족한 생활비 문제를 놓고 크게 다투었다고 한다. 환자의 어머니는 환자의 아버지가 집에서 놀기만 하면서 아무것도 하지 않는다고 불평을 했으며, 그에 격분한 아버지는 환자가 보는 앞에서 그만 어머니를 심하게 폭행을 하고 말았다.

최근에 환자는 주변에서 '명예퇴직'이 줄을 잇는 상황을 지켜보면서 자신도 곧 그리되지 않을까 마음이 몹시도 착잡했다. 그래서 회사에 출근하는 것이 대단히 부담스러웠고, 회사생활도 점점 더 어려워진다고 느끼고 있었다. 환자의 아내도 맞벌이에 나서 있는데, 남편 일로 요즘 들어 부쩍 우울해하는 시간이 늘었다고 한다.

의사는 환자의 부모가 이혼하던 시기의 일들과 현재 환자의 상황, 그리고 근래에 있었던 환자의 크고 작은 경험들을 토대로 환자의 노이로제에 대해서 다음과 같은 진단을 내리게 되었다. 환자는 의사의 해석과 진단을 받아들였고, '스스로의 힘으로' 고통에서 벗어날 길을 찾게 되었다.

환자는 '자신이 의식하지 못하는 사이에' 부모에게 있었던 불행이 자신에게도 일어나지 않을까 몹시 불안해 했다. 거기에다 근래에 들어 회사에 출근하는 일이 무척 부담이 되기도 했다. 그랬던 나머지 그런 행동을 ―출근하다 말고 불안해서 집으로 되돌아오는 행동을― 반복하게 되었다는 것이다. 다시 말해서, 환자의 무의식은 가정(붕괴)에 대한 불안감과 회사에 대한 거부감이 강했고, 환자의 의식은 일상생활을 유지하기 위해서 불안감과 거부감을 어떻게든 억누르려 했다. 그런 내적 갈등이 결국 그런 식의 노이로제로 나타났던 것이다.

방금 제시했던 사례는 노이로제가 일상생활을 방해하기는 하지만, 상대적으로 경증에 해당하는 경우이다. 이런 증상은 정도의 차이가 있을 뿐, 복잡한 일상 속에서 우리들 누구에게라도 발생할 수 있는 일이다. 이와는 다르게 중증에 속하는 노이로제의 경우에는 따져 보아야 할 내용이 훨씬 더 복잡해진다. 누구나 겪는 일도 아닐 뿐더러 고통도 비교적 심한 데다가, 그 원인을 찾아내는 일도 상당한 전문성이 없이는 곤란하다. 아래의 사례는 프로이트가 『정신분석입문』에서 했던 이야기이다.[45]

<u>45</u> 프로이트는 이 여성의 행위를 '기괴한' 것으로 보고 있으며, 그로 인한 고통도 결코 가벼운 것이 아니라 생각한다. 그럼에도 불구하고 정작 자신은 이 경우가 '그리 심한 증상에 속하지 않는'다라고 이야기를 하고 있는데, 어찌 보면 약간 의아하기도 하고 한편으로는 흥미롭기도 한 일이다. 아마도 그가 워낙에 다양한 환자들을 대하다 보니, 이 정도는 상

30세쯤 된 어떤 기혼 여성이 이해하기 어려운 행동들을 반복적으로 하고 있었다. 여성은 시도 때도 없이 하루에도 여러 차례 갑자기 옆방으로 뛰어들어갔다. 그리고는 방 한가운데에 놓여 있는 테이블 옆에서 이상한 자세를 하고는 하녀를 불렀다. 하녀가 오면 그녀는 전혀 의미가 없는 일을 시키거나, 아예 아무 일도 시키지 않고 그냥 돌려보내는 것이었다. 그런 다음에 여성은 다시 자기 방으로 돌아왔다. 그래서 프로이트는 그 여성에게 '왜 그런 행동을 하십니까? 그 행동에 어떤 의미라도 있나요?' 하고 여러 차례 물어보았다. 그때마다 여성은 '나는 잘 모르겠어요' 하고 대답할 뿐이었다.

프로이트와 같은 깊은 지식과 풍부한 경험이 없는 우리로서는 아마도 여기에서 더 할 수 있는 일이 없을 것이다. 그러나 프로이트는 그 여성의 행동이 과거의 충격적인 경험에서 비롯되었으며, 그 경험이 내적 갈등이 되어서 지금의 증세를 유발했다는 것을 알고 있었다. 또한 그는 이런 증세를 어떻게 다루어야 하는지 정확하게 알고 있었다. 그래서 단번에 그 여성의 '망설임'을 무너뜨려서, 그녀 스스로 그녀가 했던 행동들의 의미를 깨닫게 만들었다. 다시 말해서, 프로이트는 그녀가 그 행동의 의미를 알고 있으면서도 모른다고 회피하고 있음을 직접적으로 지적했던 것이다. 그 결과 그녀의 저항은

대적으로 '약하다' 느꼈던 모양이다.

일시에 무너졌으며, 결국 그녀는 모든 기행의 의미를 프로이트에게 고백하게 되었다. 그 내용은 아래와 같다.

그녀는 10년 전에 나이가 많은 남자와 결혼을 했다. 그런데 결혼 첫날밤에 심각한 문제가 생기고 말았다. 그 남자는 성性적인 기능이 온전치 않은 사람이었는데, 그날 밤 그녀와 잠자리를 함께 하기 위하여 무척이나 노심초사했었다. 방 밖에 나가 있다가 뭔가 변화가 생길 것 같은 느낌이 있으면, 그녀가 있는 방으로 뛰어들어오기를 반복했다. 하지만 안타깝게도 번번이 실패를 했고, 그러다가 그냥 날이 밝고 말았던 것이다.

아침이 되어서 하녀가 청소를 하러 방에 들어오자, 남편은 자신이 창피를 당할 것이라 두려웠던 나머지, 마침 그 방에 있던 빨간색 잉크를 집어 들고 —첫날밤에 아무런 문제도 없었다는 어떤 흔적을 만들기 위해서— 침대 시트에 끼얹었다. 그런데 워낙에 당황해 있었고 또 급히 서둘렀던 터라, 잉크는 그가 원했던 곳에 뿌려지지 못했다. 잉크는 침대 시트가 아니라, 옆에 있던 테이블을 붉게 물들이고 말았다.

그 여성의 고백을 통해서 프로이트는 그녀의 기괴한 행동이 그날 밤의 일과 직접적으로 관련되어 있다는 사실을 확인하게 되었다. 우선 그녀가 방을 들락거리는 것과 그날 그녀의 남편이 방을 들락거렸던 일이 같은 의미의 행동이고, 남편이 하녀를 의식했던 것과 그녀가 하녀를 부르는 것도 서로 밀접하게 연결되어 있음을 알 수 있었다. 그것을 바탕으로 그가 내린 결론, 즉 그녀의 기괴한 행동에 대한 해석은 이러했다.

그 여성이 옆방으로 뛰어들어가는 것은 그 첫날밤 남편의 행동을 그대로 흉내 내고 있는 것이다. 그녀가 남편과 자신을 동일시하면서, 그때의 상황을 그대로 '재현'하고 있다는 뜻이다. 단지 침대와 시트는 그녀에게서 테이블과 테이블보로 '대치'되어 있을 뿐인데, 테이블과 침대가 짝이 되는 것은 결혼을 의미하기 때문에, 테이블이 그날 밤의 침대를 대신하고 있는 것으로 볼 수 있다.

그녀가 테이블 옆에 서서 하녀를 불렀던 것은 하녀가 테이블에 남아 있는 붉은색 얼룩을 보게 만들기 위해서였다. 거기에 '숨겨진' 의도는 자신이 남편의 역할을 대신하여 남편이 하녀에게 창피를 당하지 않도록 하는 것이었다. 즉 남편의 성기능에 문제가 없으며, 그렇게 첫날밤을 잘 치렀다는 것을 하녀에게 보이고자 하는 것이었다.

이러한 대화의 과정을 통해서 여성은 스스로 자신의 행동에 담긴 의미를 알아내고 인정하게 되었으며, 그 결과 노이로제는 저절로 사라졌다.

3

무의식의 두 가지 차원:
개인적 차원과 집단적 차원

정신분석의 학문적 위치, 의학적 차별성을 드러내기 위하여, 프로이트는 기존의 심리학과 정신분석이 어떻게 다른가를 설명한다.[46] 핵심만 간추려 보자면, '정신분석에 비해서 기존의 심리학은 무의식에 대한 이해가 절대적으로 부족했고, 그랬기 때문에 처방이나 치료 역시 대단히 어리숙하고 허술한 단계에 머물러 있었다'는 것이다.

지금까지 언급된 몇몇 사례만 보더라도, 정신분석이 증세를 다루는 방식에 있어서 기존의 심리학보다 훨씬 더 치밀하고 세밀한 모습을 보이는 것은 분명한 사실이다. 그것이 가능했던 이유는 정신분석이 기존의 심리학보다 우리 정신의 훨씬 더 깊은 곳까지 살피고 있기 때문이다. 기존의 심리학이 주로 우리 정신의 '표층表層'에 해당하는 의식에 관심을 두고 있었던 반면, 정신분석의 경우는 우리 정신의 '심층深層'에 해당하는 무의식, 그것에 대한 깊은 이해를 바탕으로 하고 있었다.[47]

---

[46] 프로이트는 『정신분석입문』에서 '정신의학'을 '기존의 심리학'과 비슷한 의미로 사용한다. 그러나 당시의 정신의학이 학문적으로 여러 가지 문제와 한계를 가지고 있었던 것에 반해, 현대의 정신의학은 학문적으로 괄목할 만한 성장을 거듭하면서 당시와는 매우 다른 모습으로 발전했다.

무의식 전체를 우리 정신의 '심층'이라고 한다면, 증세는 정도가 심할수록 심층 중에서도 더 깊은 심층에 그 원인을 감추고 있다. 그러다 보니 원인이 숨어 있는 깊이에 따라, 그 내용도 점점 더 특이해지고, 점점 더 비밀스러워지는 경향이 있다. 왜냐하면 그것들은 지극히 개인적이고 비밀스러운 경험으로부터 형성된 것들이기 때문이다. 그 비밀에 쌓인 내용들은 시시때때로 마치 몸부림을 치듯 심층을 뚫고 나와서, 환자의 정신 전체를, 더 나아가 환자의 일상 전체를 엉망으로 만들기도 한다.

그렇게 정도가 심한 경우라고 한다면, 의사가 환자의 '진술 그 자체'만 가지고 증세의 원인을 알아내는 것은 매우 어려운 일이 될 것이다. 또한 어떤 이유로든 환자가 진술한 내용이 증세의 원인과 직접적으로 연결되지 않을 수도 있다. 그럼에도 불구하고 만약 의사가 환자의 진술 그 자체에만 의존하고 있다면, 상황은 더욱 곤란한 방향으로 흘러가게 될 가능성이 높다.

환자가 진술한 내용만으로 증세의 원인을 찾기 어렵다면, 의사에게 다른 방법은 없는 것일까? 프로이트로부터 시작된 정신분석이 계속해서 발전을 거듭하면서, 다행스럽게도 의사들은 환자의 증세가 의미하는 바를 알아내기 위한 여러 가지 간접적인 방법들도 고안해 냈다. 예를 들어서, 의사들은 다음과 같은 것들에 대해서 치료에

---

47 예를 들어서, 기존의 심리학을 신체기관의 외형을 연구하는 '해부학'이라고 한다면, 정신분석은 세포 단위 정도의 생체조직을 연구하는 조직학, 다른 말로 하자면 '미시(微視) 해부학'에 해당한다고 할 수 있겠다.

충분히 적용이 가능할 정도로 잘 알고 있다.

사람인 한에는 누구나 겪게 되는 성장의 여러 단계들, 그 각각의
단계에서 어떤 특정 부분에 이상이 생길 경우, 나중에 환자에게 어
떤 식으로 문제가 발생하게 되는가?[48]

만약 그런 지식들이 증세의 치료에 실제로 효과가 있다고 한다
면, 그것은 사람들의 무의식이 개인적인 경험으로만 가득한 것이 아
니라, 어느 정도 공통적인 틀도 가지고 있다는 것을 의미한다.

프로이트는 무의식이 있다는 근거로 실수 외에도 꿈을 이야기했
다.[49] 실수의 경우도 원인을 찾기 쉽지 않았지만, 꿈의 경우는 정확
한 해석이 더욱 어렵다. 그 이유는 꿈의 본래 의미가 '압축, 대치, 삽
입, 관념의 시각화, 언어적 전도' 등의 복잡한 과정을 거쳐서 심하게
변형된 형태로 나타나기 때문이다. 그러니 해석의 정확성이라는 면
에서 본다면, 그런 변형들은 당연히 곤란한 장애물로 작용하게 될
것이다. 그러나 그런 것들이 경우에 따라서는 오히려 꿈의 해석에
결정적인 실마리를 제공해 줄 수도 있다.

---

[48] 그와 관련해서는, 예를 들어서, 장 피아제(Jean Piaget)의 '발달심리학' 이론이 매우 유명하
다. 발달심리학은 어린이의 인지 능력이 발달하는 공통적인 과정을 체계적으로 설명하
고 있다.
[49] 우리가 꾸는 꿈은 누가 만든 것인가? 물론 우리 자신일 것이다. 그렇다면 여기서 말하는
'우리 자신'은 과연 누구일까? 우리의 의식이 아니라면, '무의식'일 수밖에 없다.

관념이나 언어와 같은 것들이 어떤 사회 안에서의 공통적인 문화와 별개로 형성될 수 있겠는가? '압축, 대치, 삽입, 시각화' 등이 일어나는 방식이 —물론 그 내용은 지극히 개인적인 영역에 속해 있음에도 불구하고— 개인의 사회적·문화적 경험과 무관하다고 말할 수 있을까? 더 나아가서, 그것들이 특정한 사회와 문화를 넘어 인류 보편적인 어떤 요소들과 관련되어 있을 가능성을 완전히 배제할 수 있을까?

무의식의 집단적 차원에 관심을 기울였던 대표적인 학자는 융Carl Gustav Jung이었다. 융은 프로이트와 거의 동시대를 살았던 학자로서 한때 프로이트의 제자였다가 크게 성장하여 나중에는 프로이트의 동료이자 맞수가 되기도 했다. 그렇게 어찌어찌 맞수까지 되었던 두 사람은 학문적인 견해차 때문에 결국 서로 제 갈 길을 가게 되는데, 그러면서 융은 자신이 하는 학문을 분석심리학이라 부르기 시작했다.

프로이트가 무의식을 주로 개인적 차원에서 탐구했다면, 융은 무의식의 집단적 차원에 주목하면서 자신의 연구를 프로이트의 정신분석과 차별화해 나갔다.[50] 융의 입장에서 보자면, 프로이트는 무의식의 내용을 지나치게 사밀私密한 측면, 즉 리비도Libido[51]에서 찾고자

---

[50] 그럼에도 불구하고 분석심리학의 뿌리가 정신분석에 있으며, 정신분석의 기본적인 틀이 분석심리학에서도 여전히 유지되고 있음은 논란의 여지가 없다.

[51] 리비도는 성적 본능을 내용으로 하는 충동 혹은 에너지를 말한다. 이것이 지나치게 억압될 경우, 정신적으로 다양한 문제가 생기는 것으로 알려져 있다.

고집하고 있었다.

예를 들어서, 누군가의 꿈에 뾰족하거나 길쭉한 것이 나타났다면, 혹은 동굴이나 문 같은 것이 나타났다면, 프로이트는 아마도 그것들을 성적인 의미로 해석하려 했을 것이다. 하지만 융이라면, ―프로이트의 견해를 전적으로 거부하려 하지는 않겠지만― 그런 식의 해석보다는 오히려 사회적·문화적 관점에서, 혹은 인류 보편적 관점에서 그것들이 갖는 의미에 주목했을 것이다.

조금 더 구체적인 예를 한 가지 들어 보기로 하자. 어떤 사람이 성문城門을 걸어 들어가서 그 안에 있는 커다란 나무에 기어오르는 꿈을 꾸었다고 해 보자. 그 꿈에 대해서 프로이트는 거의 공식과 같이 이런 식의 해석을 내어놓았을 것이다.

성城에 들어가는 행위, 그리고 나무에 오르는 행위는 성性행위를 상징한다.

반면에 융은 무의식의 집단적 측면으로부터 그 꿈을 해석하려 할 것이다. 그의 관점에서 보자면, 성에 들어가는 것이나 나무에 올라가는 것은 신분이 상승하거나 명예를 얻는 것과도 관련이 있다. 거기에 이런 가정을 더해 보기로 하자. 융이 그 꿈을 꾼 사람과의 대화를 통해서 그 사람이 나무에 기어오르는 동안 이유를 알 수 없는 불안함이나 두려움을 느꼈다는 것, 혹은 실제로 과거에 나무에 올라가다 떨어져서 다친 적이 있었다는 것을 알게 되었다. 그렇다면 꿈에 대한 융의 해석은 아마도 이런 식이 될 것이다.

꿈을 꾼 사람은 현재 성공을 향한 욕망이나 명예욕이 강한 시기
이며, 만약 꿈속에서 성에 들어가거나 나무에 오를 때 막연한 불안
함 같은 것을 느꼈다고 한다면, 그것은 무의식이 의식에게 현재의
무리한 욕망과 욕구가 낭패로 이어질 수 있음을 경고하는 것이다.

증세의 치료에 꿈의 해석이 연결되어 있을 경우, 의사들은 이따
금 꿈의 내용을 '신화, 동화, 전설'이나 혹은 '제례, 민요, 속담'에 연
결시켜 해석하기도 한다. 그것은 꿈이 단지 개인적 차원에만 묶여
있는 것이 아니라, 집단적 차원에도 관련되어 있기 때문이다.[52] 사람
들이 아무리 다른 상황 속에서 살아간다 하더라도, 성장 과정에 공
통적으로 영향을 미치는 요소들이 있기 마련이며, 그런 요소들의 영
향 아래에서 사람들은 각자의 지적인 틀을 형성해 나가게 된다.
　융이 했던 것처럼, 우리도 사람들의 생각이나 행동의 유사성을
찾아서 계속 거슬러 올라가 보기로 하자. 그러다 보면 우리는 실제
로 사회나 국가적인 차원의 공통점, 혹은 그것을 넘어 인류 보편적
인 어떤 내용들과 만나게 된다. 우리가 일상생활 속에서 그것들을

---

[52]　물론 꿈은 그외에도 다양한 방식으로 해석될 수 있다. 과거의 사건이 꿈에 거의 그대로
　　재현될 수도 있고, 현실의 고민이 꿈에 그대로 반영될 수도 있다. 그러므로 꿈을 해석하
　　는 작업은 다양한 가능성을 열어 두고 진행되어야 하며, 특정한 면에 치우치게 될 경우
　　낭패를 보게 될 가능성이 높다.

의식하면서 살아가지는 않지만, 그럼에도 불구하고 그것들은 우리의 삶의 바닥에 이미 매우 두껍게 깔려 있다. 그것이 바로 무의식이 갖는 집단적 성격이며, 그렇게 집단적 무의식은 인간의 삶에 있어서 시대와 장소를 초월하는 거의 공통되는 '근원적 특징'으로 우리 삶의 기저基底를 형성하고 있다.

예를 들어서, 어느 시대, 어느 (사회적) 집단을 막론하고 참새, 꽁치, 돼지 등을 자신들의 상징으로 여긴 일은 거의 없었다. 반면에 누가 나서서 강요하거나 강제하지 않았음에도 불구하고, 독수리, 상어, 사자 등을 상징으로 삼았던 집단은 셀 수 없을 정도로 많았다.[53]

'누가 나서서 강요하거나 강제하지 않았음에도 불구하고', 어떤 것이 자연스럽게 어떤 사회나 국가의 상징이 되었다고 한다면, 그 '어떤 것'은 필연적으로 그 사회나 국가 구성원들의 삶에 깊숙이 스며들어 있음을 의미한다. 또한 그것은 그 구성원들이 살아가면서 경험하는 모든 것들에 거의 공통적으로 투사되는 어떤 '이미지'로 작용하게 될 것임을 의미한다.

융은 그런 식으로 작용하는 요소들 중에서 특히 가장 근원적인, 그래서 사람이라면 누구에게나 보편적인 이미지들을 원형原型,

---

[53] 만약 히틀러의 나치(Nazi) 군대가 참새나 돼지 문양으로 군복을 치장하고 거리를 행진했다면 어떤 일이 벌어졌을까? 옛날이나 지금이나 거의 모든 나라들이 강한 것과 용맹한 것, 혹은 선한 것과 지혜로운 것을 추종하거나 그것을 자신들의 상징으로 내세우고 있다. 그 나라들의 국기(國旗)를 살펴본다면, 공통점은 더욱 뚜렷하게 드러나게 될 것이다. 이러한 내용적 유사성은 몇몇 사람들의 합의에 의해서, 혹은 강요에 의해서 만들어지는 것이 아니다.

archetype이라 부르고 있다. 원형의 개념에 대한 조금 더 자세한 설명을 그 분야의 전문가로부터 직접 들어 보기로 하자.

"원형은 인간이면 누구의 정신에나 존재하는 인간 정신의 보편적이며 근원적인 핵이다. 그것은 태어날 때 이미 부여되어 있는, 인간의 [⋯] 가장 기본적인 조건이다. 이러한 조건은 문화적인 전통과 관련된 인간관 또는 가치관의 차이를 넘어서는 것이다."

"원형은 시간과 공간의 차이, 지리적 조건의 차이, 인종의 차이를 넘어선 보편적인 인간성의 조건이다. [⋯] 인류가 [⋯] 느끼고 생각하고 행동해 온 모든 것, 그 태초로부터의 체험의 침전沈澱이 바로 원형이다."

"원형은 보편적이고 반복적인 체험을 시간과 공간을 넘어 항상 재생할 수 있는, 인간 속에 있는 [⋯] 가능성이며 그런 가능성을 지닌 틀이다."[54]

지금까지 이야기했던 내용을 바탕으로 집단적 무의식과 원형과의 관계를 한마디로 압축해 보자면 결국 이렇게 될 것이다.

---

[54] 분석심리학 전문가 이부영 선생의 『분석심리학』(일조각, 2011)이라는 책, 100-101쪽에서 일부를 그대로 옮겨 왔다.

인류 보편적인 이미지로서 '원형'은 집단적 무의식의 실제 내용
이다.

원형이라는 개념은 가다머와 하버마스 사이의 논쟁에서도 다시
등장하여, 전체적인 흐름에 있어서 매우 중요한 역할을 하게 된다.

4
언어의 두 가지 차원과 선언어적 상징조직

가다머와 하버마스 사이에 있었던 논쟁, 그 논쟁의 판이 벌어지
게 된 배경과 원인은 이러했다. 해석학을 기반으로 하는 가다머의
입장과 사회과학을 기반으로 하는 하버마스의 입장, 그 두 입장 사
이의 차이가 분명했기 때문이다. 그런데 어떻게 하다가 이야기가
난데없이 정신분석과 분석심리학 쪽으로 흘러가게 되었던 것일까?

논쟁은 먼저 가다머가 내어놓은 '진리' 개념에 하버마스가 크게
반발하면서 시작되었다. 논란이 된 내용을 아주 짧게 간추려 보자
면 이러하다.

진리는 인간이 경험하는 이해 그 자체이며, 이해의 경험은 인
간의 존재와 결부되어 있는 사건이다. 또한 진리 경험으로서 이해

의 과정에는 선입견이 개입될 수밖에 없는데, 당연한 귀결로서 선입견 역시 우리의 존재와 떼려야 뗄 수 없는 관계를 맺고 있다. 다시 말해서, 우리는 어떤 경우에도, 특히 이해가 발생하는 과정, 즉 진리를 경험하는 과정에서도 선입견의 영향으로부터 벗어날 수 없다.

쉽게 말해서, 가다머는 진리에 대하여 이야기를 한다면서 거기에다 선입견을 가져다 붙이고, 그것도 모자라서 그것을 그저 '숙명으로 받아들이라' 말하고 있는 것이다. 맥락을 잘 모르고 듣는다면, 이것은 정말로 어이가 없을 정도의 궤변에 불과한 이야기일 것이다.

가다머의 말처럼 선입견을 극복하거나 제거하는 일은 정말로 불가능한 것일까? 그의 견해에 따르면, 우리가 이해를 경험하는 존재인 한, 우리가 '나'라고 생각하는 '우리 자신'은 이미 그 자체로서 선입견이다. 가다머가 제시했던 이해의 원리 안에서는 그래야만 비로소 우리에게 지속적으로 이해가 발생할 수 있기 때문이다. 그리고 그것이 바로 '이해가 역사성을 갖는다'라는 말의 실제적인 의미였다.

앞서 있는 이해가 없다면, 그래서 아무것도 없다면, 어떤 것도 우리에게 '~로서' 드러날 수 없다. 그런데 여기에서 '앞서 있는 이해'란 무엇을 말하는 것인가? 바로 선입견이 아니었던가? 이처럼 이해의 발생 과정에서 선입견은 이해가 발생하기 위한 전제 조건으로서 역할을 하게 된다. 그런 의미를 담아서 가다머는 선입견을 새로운 이해가 발생하는 '지평', 즉 이미 형성되어 있는 기반으로서의 '시야'로 규정하기도 했던 것이다. 또한 그것이 바로 결코 바뀔 수 없는 숙명으로서 우리 '존재'의 참모습이었다.

검증이 불가능한 전제를 앞세운, 학문적 결과물을 우리가 과연 어떻게 신뢰할 수 있을까? 학문의 생명력이 객관성에서 나온다면, 거기에서 말하는 객관성이란, '검증 가능성'과 거의 일치하는 개념일 것이다. 그러므로 가다머가 주장하는 이해 개념과 그것에 필연적으로 결부되는 선입견 개념은 학문의 가장 근본적인 기반을 송두리째 뒤엎어 버리고 있는 것이다.

하버마스 역시 가다머가 주장하는 내용 그 자체에 뚜렷한 결함이 있지는 않다는 사실을 이미 잘 알고 있었다. 그러나 그의 입장에서 가다머 때문에 학문이 그렇게 난처한 상황에 몰려 있는 상황을 그냥 바라보고만 있을 수는 없었다. 그러니 그가 택할 수 있는 길은 대충 이러한 것이었다. 가다머의 주장을 세세하게 따져 보면서, 아주 작은 틈이라도 찾아낸 다음 그곳을 집중적으로 파고드는 것이다. 간단하게 말해서, 하버마스는 이런 생각을 하고 있었던 것이다.

> 아주 특수하고 작은 예외라 할지라도, 그것으로 보편성은 무너지게 된다. 만약 가다머의 주장에서 그런 것을 찾아낼 수만 있다면, 가다머의 주장은 크게 약화될 뿐만 아니라, 학문의 학문다움을 보전할 길도 열리게 될 것이다.

어떻게 하면 가다머가 주장하는 이해 개념과 그것의 역사성을 뚫고 들어갈 수 있을까? 어떻게 하면 우리의 이해가 선입견의 방해를 받지 않는 상태에서 발생하게 할 수 있을까? 지금까지의 이야기를 모두 고려했을 때, 만약에 그런 일이 있을 수 있다면, 정말로 특수한 방법이어야만 할 것이다. 그래서 하버마스는 그런 특수한 사례로서 정신분석을 가다머의 해석학을 꿰뚫을 '창槍'으로 동원했던 것이다. 확실히 정신분석은 정말로 특수해서, 일반적인 차원에서는 발견하기 어려운 것들을 발견하기도 하며, 또 그것들을 특수한 방식으로 다루어서 매우 특별한 결과를 도출해 내기도 한다.

정신분석의 특수성은 정신분석 이론의 특수성, 특히 그런 이론으로 무장한 정신분석가의 특별한 능력에 있다. 정신분석적 이론의 도움이 없이 ―일상적인 차원의 지식이나 사고만으로― 증세의 의미를 알아내는 것은 사실상 불가능하다. 왜냐하면 환자의 증세는 일상언어적 차원에서 발생한 이상異常인데, 그 원인을 알아내기 위해서는 일상언어의 차원보다는 조금이라도 더 높은 위치에서 환자의 증세를 관찰할 수 있어야 하기 때문이다. 그러므로 언제나 일상언어적 차원에 머물러 있는 우리로서는 그런 것에 대해서 할 수 있는 일이 거의 없는 것이다.

가다머에게 있어서 언어는 다 같은 차원의 언어일 뿐이다. 언어는 모두 다 일상언어일 뿐이지, 그것을 초월하거나 그것으로부터 벗어난 언어란 있을 수 없다. 특히 학문의 영역에서 이런저런 이유를 대면서 만들어 낸 언어의 개념들, 혹은 개념적 언어들, 그가 보기에는 그런 것들 역시 궁극적으로는 일상언어를 벗어나 있을 수 없다.

다시 한번 강조하거니와, 가다머에게 있어서 모든 언어는 일상언어이다.

반면에 하버마스는 가다머와는 크게 다른 입장을 고수하고 있다. 그가 보기에는 이러했다. 정신분석의 경우, 환자의 증세가 일상언어적 차원에서 발생한다면, 그것을 분석하는 의사는 일상언어보다 조금이라도 더 높은 차원에 있어야 한다.[55] 실제로 정신분석에서 환자의 증세가 치료되는 과정을 살펴보면, 의사는 분명히 환자의 일상언어를 분석하고 있으며, 분석의 결과로 증세가 사라졌다. 그렇다고 한다면 우리는 당연히 의사가 일상언어와는 다른 차원에서 무엇인가를 했다고 보는 것이 옳지 않을까?

정신분석에서 환자의 증세는 일상언어적 차원에서 발생한다. 다시 말하자면, 증세는 일상언어에서의 문제로 나타나게 된다.[56] 이처럼 증세가 일상언어 차원에서 발생했다면, 그 원인은 일상언어가 아닌 다른 곳에 있을 것이다. 이것이 정신분석의 기반을 이루고 있는 가장 기본적인 구조였다. 이런 내용을 바탕으로 하버마스는 증세의 원인이 있는 곳, 혹은 증세의 본래 의미가 있는 곳을 '선先언어적 차

---

[55] 만약 그렇지 않다면 일상언어에 대한 분석이 불가능할 것이고, 그런 이유로 하버마스는 일상언어에 대해서 그것을 분석하는 차원의 언어로서 사실상 '이론언어'를 상정(想定)하고 있는 것이다.

[56] 예를 들어서, 중증의 환자들은 우리가 그 의미를 전혀 이해할 수 없는 말과 행동을 하기도 한다. 여기에서 말하는 '말과 행동'은 일상적인 차원으로 드러난 표현(의 문제)이며, 역시 일상적인 차원에 머물러 있는 우리들로서는 그 말과 행동의 의미를 거의 이해하지 못한다. 혹시 일부를 이해했다고 생각한다 하더라도, 우리에게는 그것이 제대로 된 이해인지 확인할 길이 없다.

원'이라 불렀다.

선언어적 차원과 관련된 모든 것들은 '선언어적 상징조직'[57]으로부터 나온 것이다. 그것은 일상언어와 다른 차원에 있으면서, 일상언어에 영향을 미쳐 이따금 어떤 증세를 유발하기도 한다. 그렇기 때문에 증세의 원인을 찾으려 하는 경우, 의사는 일상언어에서 발생한 문제와 선언어적 상징조직을 연결지어 살펴야 한다. 문제는 그런 일이 가능하기 위해서라면, '의사가 매우 특별한 위치에 있어야만 한다'는 것이다. 이것이 바로 하버마스가 가다머와의 논쟁에 정신분석을 끌어들였던 궁극적인 이유였다.

일상언어에서 나타나는 이상의 원인이 있는 곳으로서 선언어적 상징조직, 경우에 따라서는 그것을 원형상징이라고도 부르기도 하는데, '원형'이라는 말은 앞서 우리가 정신분석과 더불어 분석심리학을 살펴보는 동안 잠깐 등장했던 개념이다. 물론 그것이 하버마스가 말하는 원형상징과 정확하게 일치하는 개념은 아니다. 그럼에도 불구하고 원형의 개념적 속성은 원형상징의 기본적인 성격에 맞닿아 있으며, 그렇기 때문에 그것은 이 논쟁에서 원형상징이 하는 역할을 이해하는 데 많은 도움을 줄 수 있다. 즉 선언어적인 상징조직으로서 원형상징은 원형과 마찬가지로 무의식의 영역에 속해 있으며 일상언어적 의식에 영향을 미친다는 것이다.

---

57 (일상)언어에 앞서 있으니 '선언어적'이라 하는 것이고, 더구나 언어는 아닐 테니 '상징조직'이라는 이름을 붙인 것으로 보인다.

5

원형상징의 작용과 이론언어의 특수성

하버마스가 파악했던 원형상징의 가장 중요한 속성은 —그것이 선언어적 상징조직이기 때문에— 문법적인 규칙체계로부터 벗어나 있다는 점이다. 규칙체계에 매여 있지 않다고 한다면 당연히 무질서한 모습일 것이며, 또한 그 무질서가 우리의 정신과 관련되어 있다면, 원형상징은 특수한 의미와 결부된 어떤 '정서'와 같은 것일 가능성이 높다. 이러한 내용을 구체적인 사례에 적용하여, 원형상징에 대한 하버마스의 생각이 어떤 것인지 조금 더 세세하게 살펴보기로 하자.

앞서 우리는 프로이트가 만났던 어떤 기혼 여성의 사례를 통해서, 정신분석의 방식과 증세의 성격에 관해 여러 가지 측면에서 분석해 보았다. 그 사례를 여기에 그대로 옮겨 놓고, 하버마스의 입장에서 다시 정리해 보기로 하겠다.

30세쯤 된 어떤 기혼 여성이 이해하기 어려운 행동들을 반복적으로 하고 있었다. 여성은 시도 때도 없이 하루에도 여러 차례 갑자기 옆방으로 뛰어들어갔다. 그리고는 방 한가운데에 놓여 있는 테이블 옆에서 이상한 자세를 하고는 하녀를 불렀다. 하녀가 오면 그녀는 전혀 의미가 없는 일을 시키거나, 아예 아무 일도 시키지 않고 그냥 돌려보내는 것이었다. 그런 다음에 여성은 다시 자기 방으로 돌아왔다. 그래서 프로이트는 그 여성에게 '왜 그런 행동을 하십니까? 그 행동에 어떤 의미라도 있나요?' 하고 여러 차례 물어보았다. 그때마다 그 여성은 '나는 잘 모르겠어요' 하고 대답할 뿐이었다.

여기에서 의사인 프로이트와 환자인 여성의 대화는 별로 특별할 것이 없으며, 두 사람은 일상적인 차원에서 아주 평범하게 의사소통을 하고 있다. 다시 말해서, 의사가 아닌 누구라도 얼마든지 그 여성과 그런 식의 대화를 할 수 있다는 것이다. 그리고 여기까지의 대화만 가지고는 —전문가로서 프로이트는 물론이고— 어느 누구라도 그 여성이 왜 그런 행동을 하는지, 그 행동이 무엇을 의미하는지 전혀 알 수 없다. 그 이유는 그 행동의 진짜 의미가 일상적인 언어의 차원에 속해 있지 않기 때문이다. 그러므로 당연한 귀결로서 이 사례는 다음과 같은 내용을 거의 직접적으로 드러내고 있는 셈이다.

그 여성의 증세는 어떤 비일상적인 차원에 속한 의미가 일상적인 언어의 차원으로 표출된 것이다.

정신분석적 치료의 대상이 되는 정도의 증세는 비일상적이고 비정상적인 경우에 속한다. 그런 경우 증세의 발현은 일상적이고 정상적인 의사소통이 이루어지는 과정과는 크게 다르다. 정신분석을 통해서 이미 우리는 중세가 환자의 무의식이 환자의 의식을 압도한 결과로 나타난다는 것을 잘 알고 있다. 하버마스는 그것을 원형상징이 일상언어에 비정상적인 방식으로 침투해서 일상언어가 왜곡된 것으로 보고 있는 것이다.

의식의 활동은 우리가 잠이 들었다거나, 혹은 그와 유사한 상황에서는 일시적으로 중단된다. 하지만 무의식은 그러한 상황에서조차도 쉼 없이 활동을 이어 나간다. 오히려 상황이 그러할수록 무의식에게는 소위 말하는 '독무대'가 펼쳐지는 셈이다. 시간으로 따져보자면, 하루에 우리가 깨어 있는 시간, 즉 의식이 활동하는 시간은 평균 16시간 정도 된다. 반면에 무의식이 활동하는 시간은 우리가 잠자는 시간을 포함해서 24시간 내내이다. 하버마스의 입장에서 보면, 이 말은 곧 '우리의 일상언어적 의식은 원형상징으로부터 끊임없이 영향을 받고 있다'는 말과 다를 바가 없다.

일상적인 의사소통이 의식의 차원에서 이루어지는 의미교환이라고 한다면, 그 이면에서는 무의식적 차원의 의미들이 지속적으로 일상적인 의사소통에 영향을 미치고 있다. 그러므로 일상적인 의사소통은 다른 한편으로 '원형상징적인 의미들이 간접적으로 자신을 표출'하는 이중적인 구조와 성격을 갖게 되는 것이다. 그런 상황 속에서 우리들은 단지 일상적인 차원에서 교환되는 의미만을 이해할 수 있는데, 그 이유는 우리가 ―전문가들과는 다르게― 원형상징이 일상언어적 의식에 영향을 미치는 방식이나 과정에 대해서 모르기 때문이다.

그런 이유로 우리는 앞에 나온 여성의 사례에서처럼 그 여성이 하던 말이나 행동의 일상적인 의미는 ―'그 여성이 하녀를 부른다'든가, 아니면 '테이블 옆에서 어떤 특정한 자세를 하고 있다'든가 하는 겉으로 드러난 내용은― 알 수 있지만, 그것이 진짜로 가지고 있는 의미는 ―'그 여성이 그런 기괴한 말이나 행동을 하고 있는 진짜 이유가 무엇인지'는, 혹은 '그 말이나 행동에 담긴 숨겨진 의도가 무엇인지'는― 전혀 이해할 수 없었던 것이다.

하버마스 입장에서라면, 그 여성의 말과 행동이 기괴한 이유를 이렇게 생각할 것이다.

'원형상징이 일상언어적인 차원으로 밀고 들어와 자신의 모습을 드러내는 과정에서 일상언어가 왜곡되었기 때문이다.'

다시 말해서, 비록 그 여성의 말과 행동이 일상적인 차원의 표현이기는 하지만, 말과 행동의 주도권은 이미 무의식적 차원의 원형상징으로 넘어갔다는 것이다. 그래서 결국 여성은 자신도 모르는 사이에 그렇게 기괴한 말과 행동을 하게 되었던 것이다.

아쉽게도 우리에게는 원형상징 그 본래의 모습이 어떤 것인지 보거나 알 수 있는 방법이 없다. 다시 한번 강조하지만, 우리, 즉 우리의 의식은 원형상징 그 자체를 직접 접할 수 없다. 따라서 우리가 원형상징과 관련하여 알 수 있는 것은 오직 일상언어적인 차원으로 드러난, 원형상징의 간접적인 모습일 뿐이다.

물론 정신분석 전문가들도 원형상징 그 자체를 직접 접할 수는 없다. 그럼에도 불구하고 그들은 일상언어적 차원의 의사소통과 그것에 영향을 미치는 원형상징의 작용에 제한적으로나마 개입할 수 있다. 그런 특수한 능력은 그들이 가지고 있는 전문 지식이 그 두 가지 사이의 영향관계나 작용 과정에 개입할 수 있는 일종의 '방법'으로 활용되기 때문이다.

하버마스가 보기에 정신분석 전문가들은 그런 특별한 방법을 통해서 '일상언어적 차원을 넘어서는' 특수한 위치에 있을 수 있다. 왜냐하면 정신분석 전문가들, 즉 의사들이 환자가 나타내는 증세의 의미를 파악할 수 있으려면, 또한 그 증세를 치료할 처방을 내놓을 수 있으려면, 먼저 원형상징이 일상언어에 어떻게 영향을 미치고 있는지를 알아야만 하기 때문이다.

실제로 정신분석의 과정에서 의사의 처방과 치료로 환자의 증세가 호전되거나 사라지는 경우는 얼마든지 있다. 이런 경우가 의미하는 바는 이러할 것이다.

> 의사가 환자의 왜곡된 일상언어, 즉 환자의 일상언어에 나타난 증세, 더 구체적으로 말해서 환자의 일상언어로 나타난 원형상징의 흔적을 분석해서, 그것의 의미를 파악하고 그렇게 파악된 의미를 증세의 치료에 적용했다는 것.

다시 한번 확실히 해 두자면, 이런 일이 가능하기 위해서 의사는 환자가 속해 있는 일상언어의 차원과는 조금이라도 다른 위치에 있어야만 한다. 특히 그 위치가 일상언어를 분석할 수 있는 위치라고 한다면, 그것이 바로 하버마스가 말하는 이론언어의 위치가 아니겠는가?

만약 하버마스의 생각과 같이 이론언어가 정말로 가능하다면, 그것은 곧 가다머가 주장하는 일상언어적 이해의 영역을 벗어난 어떤 위치가 확보될 수도 있다는 것과 같다. 실제로 정신분석은 일상언어를 분석하는 이론언어적 '기능'을 하고 있다. 그런데도 만약 우리가 정신분석의 그런 기능 자체를 부정하려 한다면, 결국 우리가 지금까지 이야기해 왔던 정신분석의 성과, 즉 '의사가 환자의 왜곡된 일상언어를 분석하고 그것에서 발생한 문제점을 바로잡는다'는 사실마저 부정하는 꼴이 되고 말 것이다. 그러므로 지금까지 논의된 내용을 바탕으로 판단해 보건대, 하버마스가 지금 가다머에게 하고 싶은 말은 아마도 이러할 것이다.

> 정신분석의 특수한 성격과 성과가 이렇게 뚜렷하게 제시되어 있는 한, 가다머는 자신의 주장에 빈틈이 있음을 인정하는 것이 마땅하다.

제5장

하버마스의 반박:
이해를 관찰할 수 있다

Frenemy

1

가다머의 이해 개념과 이상적인 의사소통 상황

가다머의 해석학에서 이해라는 개념은 언어의 영역 안에서, 더 구체적으로 말해서 일상언어의 영역 안에서만 유효하다. 그리고 지금의 논의에서 그 말이 가지고 있는 의미는 이러하다.

'일상언어의 밖'이라는 것은 없기 때문에, 그런 식의 개념은 불필요할 뿐만 아니라 아예 성립이 불가능하다.

가다머의 이야기를 잘 따라왔다면, 별로 머뭇거리지 않고서 수긍할 수 있는 말이다. 하지만 이 말에 담긴 의미를 제대로 이해하기란 여전히 쉽지 않은 일이다. 그래서 앞에서 이미 나왔던 내용이기는 하지만, 우리에게 이해가 발생하는 과정을 단계별로 나누어 다시 한번 따져 보고 지나가기로 하자. 아마도 처음에는 이렇게 생각하기 쉬울 것이다.

> 1단계: '어떤 것'이 우리 의식 밖에 있다.
> 2단계: 그 '어떤 것'이 우리의 의식에 드러난다.
> 3단계: 우리의 의식에 드러난 그 '어떤 것'에 우리의 의식이 반응한다.

'이해'라는 관점에서 보았을 때, 2단계에서 우리의 의식에 드러난 그 '어떤 것'은 의심의 여지없이 일상언어이다. 또한 그것은 3단계가 가능하기 위한 전제 조건이 된다. 그렇다면 1단계의 그 '어떤 것'은 일상언어와는 다른 방식으로 있어야 할 것이다. 그래야 그것이 2단계에서 우리의 의식에 일상언어로 드러날 수 있을 테니 말이다.[58]

하지만 앞서 가다머의 견해를 설명하는 과정에서 이미 여러 차례 강조했던 것처럼, 이해의 과정에서 1단계는 '불필요할 뿐만 아니라 아예 불가능하다.' 이해라는 개념과 관련해서 우리에게 유효한 것은 2단계와 3단계뿐이며 ─이해를 경험하는 우리의 입장에서는 그 두 가지가 사실상 동시에 발생하는 것이기 때문에─ 이 모든 과정을 한 마디로 압축해 본다면, 이렇게 정리가 될 수 있을 것이다.

---

[58] 만약 그것이 처음부터 일상언어로 있다고 한다면, 그것은 이미 우리 의식 안에 있다는 말과 같은 의미이다.

어떤 것이 일상언어로서 일상언어인 우리의 의식에 말 걸어오 듯 드러나면, 그것이 바로 이해가 발생한 것이다.[59]

이론상 여기까지는 별로 문제가 없어 보인다. 그다음에 가다머는 매우 독특한 설명을 덧붙이는데, 거기에는 사람들이 거부감을 느낄 만할 '묘한' 내용이 가득 차 있다. 그의 주장에 따르면, 우리의 의식은 역사성을 가지고 있으며, 그렇기 때문에 이해는 필연적으로 선입견의 작용이나 영향 아래에서 발생한다.

이해의 과정에서 선입견은 이미 형성되어 있는 지평의 역할을 하며, 다른 지평과 만나 융합함으로써 다시 새로운 지평으로 거듭난다. 그렇게 형성된 지평은 계속해서 같은 과정을 반복하게 되는데, 어디까지나 이미 형성되어 있는 지평이 선입견이라는 전제 아래에서만 가능한 일이다.[60]

가다머에게 있어서 이해의 과정은 언어적인 대화의, 혹은 언어적 의사소통의 과정이다. 그리고 그 소통의 과정에서 선입견이 생기고 작용하며 변해 가는 것은 절대로 피할 수 없는 일이다. 더 심각한 것은 이해의 과정에서 선입견이 내용적으로 정확하게 어떤 영향을 미치고 있는지 알 수 있는 방법이 없다는 것이다. 당연한 귀결로 우리

---

[59] 가다머는 그 드러남과 동시에 발생하는 우리 의식의 응답이 바로 대화이며, 그런 이유로 이해의 과정은 그 자체로서 '언어적 대화'라 주장하고 있다.

[60] 그리고 그런 반복이 우리에게서 중단될 수 없다는 내용을 담아서 가다머는 우리를 '이해하는 존재'로 규정했던 것이다.

에게는 이해의 과정이나 결과가 정상적인 것인지, 혹은 그렇지 않은 것인지 확인할 방법도 전혀 없다.

쉽게 말해서 이해의 과정에 문제가 있어서 오해가 발생할 가능성도 얼마든지 있는데, 그 결과물이 이해인지 오해인지 판가름할 어떤 기준도, 방법도 우리에게 없다는 것이다. 이렇게 문제가 명명백백하게 드러나 있음에도 불구하고, 가다머는 우리가 원래 그러한 존재이니 이상할 것도, 문제될 것도 없다는 태도로 일관하고 있다.

하버마스의 입장에서 보면, 가다머의 태도는 '피할 길이 없으니 무엇인지 모르더라도 그냥 받아들이라' 하는 것과 다를 바가 없다. 만약에 선입견이 이해의 과정에서 내용적으로 부당한 영향을 미치고 있다면, 그래서 그런 영향 탓에 실제로 우리의 이해가 왜곡되어 발생하고 있다면 어떻게 할 것인가? 그럴 가능성이 충분히 있음을 알면서도, 그저 숙명으로 받아들이기만 하면 그만인 것인가?

하버마스는 묻는다. '가다머는 자신의 해석학 안에서의 대화, 즉 의사소통이 부당한 억압과 교묘한 왜곡의 가능성에 노출되어 있음을 부인할 수 있는가?' 이에 대해서 가다머가 내놓을 수 있는 대답은 이 두 가지뿐이다. 하나는 이해의 과정에 선입견의 작용이 필연적이라는 것, 그리고 다른 하나는 그것이 어떤 내용의 작용인지 우리가 파악할 수 없다는 것. 그러나 하버마스의 물음에 가다머가 그런 식의 주장만으로 답을 하려 한다면, 결과적으로 그것은 이해의 과정에서 하버마스가 우려하는 '억압과 왜곡의 발생 가능성이 없지 않다'는 것을 사실상 인정하는 것과 다름이 없다.

사람들 사이에서 이루어진 의사소통 그리고 의사소통의 결과로 나온 합의, 하버마스는 그 과정이 겉보기에는 정상적이라 할지라도 얼마든지 잘못되었을 수 있다고 생각한다. 그래서 그는 지금 가다머에게 이러한 내용을 요구하고 있는 것이다.

가다머가 말하는 이해 개념이 흠 없는 것으로 자리를 잡기 위해서는 이미 제기된 의혹에 대해서 그 스스로 분명한 해결책을 내어 놓아야만 한다.

가다머는 과연 이 문제에 대해서 어떤 해결책을 마련할 수 있을까? 혹은 가다머가 아니라도, 그 누구에게 어떤 해결책이 있을 수 있을까? 결코 쉽지 않아 보인다.

하버마스는 문제를 제기했을 뿐만 아니라, 그 스스로 문제에 대한 해결책도 제시하고 있다. 그가 문제에 대한 거의 유일한 해결책이라고 생각하는 것은 바로 정신분석이다. 그의 견해에 따르면, 이해는 우리의 정신에서 발생하는 사건이고, 정신분석은 바로 그 정신을 분석하는 능력을 가지고 있다. 그러므로 정신분석의 과정과 결과는 가다머가 주장하는 이해 개념의 한계를 드러내 보이는 동시에, 비판적 사고가 가능함을 보이는 증거가 될 수도 있는 것이다. 만약 정말로 하버마스의 바람대로 그렇게 될 수 있다고 한다면, 그것은 하버마스가 정신분석을 가지고 가다머의 해석학에 'KO 펀치'를 날리는 것과 마찬가지 일이 될 것이다.

하버마스는 '이상적인 의사소통 (상황)' 개념을 가지고 가다머의 주장을 제약할 수 있다고 생각한다. 그가 말하는 이상적인 의사소통은, 어떤 것의 간섭으로부터도 자유로운, 즉 어떠한 형태의 억압이나 왜곡으로부터도 완전히 벗어난, 이상적인 조건 아래에서 이루어지는 의사소통이다.

'이상', 혹은 '이상적인 상황'을 설정하는 것의 가장 중요한 기능은 그것이 우리에게 현실의 구체적인 일들에 문제가 있는지 없는지를 판단하는 어떤 척도가 되어 준다는 것이다. 실제로 이상과 현실의 괴리를 드러냄으로써, 현실 문제의 심각성을 부각시킬 수 있는 사례는 얼마든지 있다. 예를 들어서, '완전히 공평한 분배'는 비현실적인 이상에 불과하다. 그럼에도 불구하고 그것이 전혀 무가치한 생각은 아니다. 그런 이상은 불공정한 현실을 부각시키는 역할, 동시에 개선의 방향을 제시해 주는 역할을 하기 때문이다.

2
의사소통 공동체와 정신분석

의사소통이 합리적으로 이루어지기 위한 조건, 가다머는 처음부터 그런 것에는 별로 관심이 없었다. 그도 그럴 것이 그는 '이해' 개념을 설명하는 과정에서 누군가의 의사나 의도가 개입할 여지를 원천적으로 차단해 버렸기 때문이다. 하지만 가다머와 같이 이해를 언어적 대화로 보는 이상, 비록 누군가의 구체화된 의사나 의도는 아님에도 불구하고, '대화 참여자로서 우리의 역사성과 그에 따른 선입견의 작용'은 대화에 얼마든지 부정적인 영향을 미칠 가능성이 있다. 그러니 하버마스가 가다머에게 하고 있는 '선입견의 영향에 대한 검증'의 요구는 두말할 나위 없이 정당하다 할 수 있겠다.

가다머는 전통이 전통으로 자리 잡기 위하여 우리의 자발적인 인정이 반드시 필요한 것처럼, 선입견 역시 그와 '유사한' 방식으로 이미 정당성을 획득하고 있다고 생각한다. 이해의 과정에서 선입견이 하는 역할, 그 안에 이미 우리의 자발적인 인정과 결과적으로 같은 기능을 하는 내용이 담겨 있다는 것이다. 그런 근거로부터 가다머는 이해의 발생 과정에서 선입견이 하는 역할에 아무런 문제도 없다고 주장한다.

그에 대해서 하버마스는 전혀 다른 입장을 고수하고 있다. 비록 '자발적으로 인정하고 있다' 하더라도, 그 인정이 예를 들어 속임수 같은 것 때문에 생겨났다고 한다면, 결코 정당한 권위가 될 수 없다고 반박한다. 그런 맥락에서 하버마스는 가다머에게 구체적으로 이런 불만을 드러내고 있다.

'비정상적인 의사소통이 이루어지고 있는 상황 아래에서'라고 한다면, 자발적인 인정이 있고 없고가 무슨 의미가 있겠는가? 정상적인 의사소통이 이루어지고 있는 경우라면, 자발적인 인정이니 권위니 하는 것들은 처음부터 필요하지 않을 것이다.

하버마스는 단순히 불만을 드러내는 것에서 멈추지 않고, 거기에서 크게 한 걸음 더 나아갔다. 그는 '어떤 의사소통이 정상적인지 혹은 그렇지 않은지' 판별이 가능한 사례를 직접 제시했을 뿐만 아니라, 문제가 발견된 경우에 어떻게 바로잡을 수 있는지도 분명하게 보여 주었다. 그렇다! 그가 제시했던 사례는 바로 정신분석이었다.

정신분석의 과정에서 의사는 환자와의 대화를 통해서 ―환자의 진술을 듣고 그 진술을 분석함으로써― 실제로 그 안에 담긴 왜곡을 ―환자의 증세를― 바로잡을 수 있었다. 이와 같이 의사는 환자가 정상적인 의사소통을 하고 있는지 아닌지를 판단했고, 그 가운데 드러난 문제를 제거하여 환자를 정상적인 의사소통이 가능한 상황으로 돌려놓았던 것이다.

가다머는 하버마스의 지적에 근본적인 문제점이 내재해 있음을 발견했다. 가다머가 보기에, 정신분석에서의 대화가 치료를 목적으로 하는 매우 특수한 경우임에도 불구하고, 그것 역시 어쨌든 대화인 이상, 대화의 일반적인 원칙을 벗어나 있어서는 안 된다. 조금 더 구체적으로 이야기해 보자면, 대화란 '예외 없이' 사회 안에서 이루어지는 행위이기 때문에, 모든 대화는 사회 구성원들이 동의하는 원칙 안에서만 유효하다는 것이다. 그런 맥락에서 가다머는 하버마스에게 이렇게 반격을 가한다.

대화를 하면서 대화 자체에 집중하지 않고 그 이면이나 배후를 살피는 사람이 있다면, 그 사람은 결국 대화를 방해하는 사람이 되고 말 것이다. 그렇다고 한다면 —현재 논쟁의 맥락에서— 정신분석에서 의사가 하는 역할도 어쨌든 사회 구성원들 모두가 동의하고 있는 대화의 원칙을 어기고 있다고 보아야 하지 않는가?[61]

대화는 언어가 있어야 가능한 것이고, 언어는 공동체가 있어야 가능한 것이다. 그 공동체는 당연히 '대화 공동체'를 말하는 것이며, 그것을 하버마스식으로 이야기하자면, '의사소통 공동체'가 될 것이다. 이번에는 이 이야기를 한번 역순으로 배열해 보자.

의사소통 공동체가 있어야 언어가 있을 수 있고, 언어가 있어야 대화가 가능하다. 그렇기 때문에 정상적인 대화라고 한다면, 어떠한 경우에도 의사소통 공동체가 동의한 원칙을 벗어나서는 안 된다. 또한 여기에서 말하는 의사소통 공동체는 의심의 여지없이 사회일 것이고, 그렇게 보았을 때, 가다머가 하버마스에 대한 반격으로 제시한 내용의 핵심은 '사회 구성원들이 동의하고 있는 대화의 원칙'에 있다고 할 것이다. 따라서 정신분석에서의 대화가 사회 밖에서 이루어지는 일이 아닌 한, 여기에 대화의 일반적인 원칙을 적용하는 것은 지극히 당연한 일이다. (애초에 사회 밖에서 이루어지는 대화

---

[61] 하버마스와 논쟁을 벌이고 있는 가다머의 입장에서라면, 정신분석의 경우는 오히려 왜곡된 의사소통의 전형이 될 수도 있는 일이다.

가 도대체 어떻게 가능하겠는가?)

앞에서 짧게 언급했던 것과 같이, 사람들이 모여 사는 모습을 군집이 아니라, 사회라 부르는 가장 근본적인 이유는 사회가 의사소통을 전제한 공동체이기 때문이다. 그 공동체, 즉 사회 안에서 우리는 누구나 다른 구성원들에게 '의사소통 상대자'의 역할을 하게 되며, 그것은 우리의 사회가 하나의 사회로서 유지될 수 있는 가장 기본적인 조건이자 원칙이다. 그런 조건이나 원칙이 무너지게 된다면, 당연히 사회는 점점 더 동물의 군집과 같은 모습으로 변해 가게 될 것이다. 대화와 타협이 사라진 자리에 강압과 폭력이 들어설 것이고, 그에 따라 그 안의 사람들은 사회 구성원으로서의 정상적인 위치를 잃게 될 것이 틀림없다.[62]

물론 정신분석의 상황은 일반적인 의사소통과는 여러 가지 면에서 다르다. 그러나 그렇게 특수한 상황임에도 불구하고, (현재 논쟁의 맥락에서라고 한다면) 정신분석의 상황에서 의사는 언제든 정상적인 의사소통을 방해하는 사람이 될 가능성이 있다. 하버마스는 이 내용을 사회라는 대단히 민감한 영역으로 옮겨 놓기 전에, 그런 문제점들을 충분히 고려했어야만 했다. 그가 그렇게 하지 못했기 때문에, 결과적으로 정신분석에서의 의사는 사회의 근간을 흔들 수 있는

---

[62] 대화를 통한 타협으로 서로의 이견을 좁히지 못하는 경우, 이견은 깊은 갈등으로 변하고, 깊은 갈등은 다시 전쟁과 같은 폭력으로 바뀌곤 한다. 우리는 이 같은 경우를 역사 속에서 무수히 많이 찾아볼 수 있다. 그리고 전쟁과 같이 극단적인 폭력이 난무하는 상황이 되고 나면, 사람들은 더 이상 사람으로서의 온전한 가치를 유지하기 어려울 것이다.

그런 '위험한' 사람으로 전락할 위기에 직면하게 되었던 것이다. 아울러 정신분석의 과정 하나하나가 정말로 '반사회적인' 내용을 담고 있지나 않은지, 새로운 관점에서 검증받아야 하는 처지가 되어 버린 것이다. 이어서 가다머는 하버마스에게 이렇게 묻는다.

정신분석에서 환자에게 증세가 발생했다는 것, 사회로 치면 누구에게 무슨 일이 생겼다는 것을 말하는가? 그리고 정신분석에서 의사에 해당하는 역할을 사회 안에서 과연 누가 행할 수 있겠는가?

환자의 증세를 치료한다는 것, 그러한 성과를 제외한다면 정신분석에서 의사가 하는 행동은 실제로 의사소통 공동체 안에서 반드시 유지되어야 할 대화의 원칙을 어기고 있는 것이다. 백 번, 천 번을 양보해서, 그것이 비록 대화의 원칙을 어기고 있기는 하지만, 상당히 특수한 상황이니까 예외적인 문제로 남겨 두고 그냥 넘어가 보기로 하자. 그래도 가다머가 제기했던 문제는 여전히 그대로 남게 된다. 가다머와 하버마스가 하고 있는 논쟁의 배경이 사회라는 것을 고려한다면, 하버마스는 다음과 같은 물음에서 사실상 피할 수 없는 한계에 봉착하게 되는 것이다.

사회라는 영역 안에서 과연 사회 구성원이 아닌 사람이 있을 수 있을까?

가다머가 지적하듯이, 하버마스가 설정한 틀 안에서라면, 도대체 누가 환자이며 또한 누가 의사가 될 수 있을까? 다시 한번 강조하거니와, '사회라는 의사소통 공동체 안'에서는 누구나 서로에게 대화 상대자일 뿐, 의사도 환자도 있을 수 없다. 따라서 증세라 할 만한 것도 찾을 수 없겠고, 증세가 없으니 당연히 치료도 없다.

3

정신분석과 전이 상황

지금까지 나온 이야기들만 가지고 판단을 해 보자면, 전체적인 흐름은 대략 이렇게 정리될 수 있을 것이다. 정신분석을 중심으로 진행되었던 두 학자의 논쟁은 치열한 공방이 이어지던 가운데 가다머의 판정승으로 서서히 마무리가 되는 것으로 보인다. 왜냐하면 하버마스가 끌어들였던 정신분석이 가다머의 이해 개념을 효과적으로 제압하지 못했고, 오히려 역으로 의사소통 공동체, 즉 사회라는 영역에서도 매우 무기력한 모습을 보이고 말았기 때문이다. 따라서 만약 하버마스가 여기에서 논쟁을 끝내려 하지 않는다면, 그는 뭔가 새로우면서도 획기적인 이야기를 내어 놓아야만 할 것이다.

가다머가 비록 하버마스의 공격을 효과적으로 피해 가며, 논쟁의 흐름을 주도하고 있기는 하지만, 그 역시 모든 제약에서 벗어나기에는 아직 너무 이르다. 다시 말해서, 가다머는 사회라는 바탕 위에서 정신분석이 갖는 한계를 지적함으로써 —의사소통 공동체 안에서 누구라도 지켜야 하는 대화의 원칙을 정신분석이 어기고 있다는 내용을 바탕으로— 하버마스의 반론을 비교적 성공적으로 막아 냈다. 그러나 그것은 가다머가 '현재 논쟁의 맥락에 부합하는' 정신분석의 특정한 한계를 지적한 것일 뿐, 그것으로 정신분석의 성과 자체가 부정될 수 있는 것은 아니다. 그러므로 가다머에게 있어서 다음과 같은 문제는 여전히 그대로 남아 있는 셈이다.

정신분석이 보여 준 특수한 반성의 가능성을 무작정 회피하며 버틸 수 있겠는가?

또한 가다머의 이해 개념이 처음부터 개인적인 경험의 차원에서 논의된 것이라고 한다면, 지금은 그것을 사회적인 의사소통이라는 차원으로 끌어올려 다양한 방식으로 검증하고 있는 중이다. 만약 여기에서 조금이라도 새로운 이야기가 나오기 시작한다면, 가다머가 다시 난처한 상황으로 몰릴 가능성이 얼마든지 열려 있다.

먼저 가다머가 하버마스의 주장에 제시했던 반론을 여기로 가져와 하버마스의 입장에서 다시 한번 살펴보기로 하자.

대화를 하면서 대화 자체에 집중하지 않고 그 이면이나 배후를 살피는 사람이 있다면, 그 사람은 결국 대화를 방해하는 사람이 되고 말 것이다. 그렇다고 한다면, 정신분석에서 의사가 하는 역할은 어쨌든 사회 구성원들 모두가 동의하고 있는 대화의 원칙을 어기고 있다고 보아야 하지 않는가?

하버마스에게도 이것은 재론의 여지가 없을 정도로 옳은 말이다. 대화의 상황에서 이런 원칙이 지켜지지 않는다면 그것은 당연히 '사이비' 의사소통이 될 것이고, 그런 식의 의사소통을 통해서는 결과적으로 정상적이고 정당한 합의에 이를 수 없을 것이기 때문이다. 그렇다면 하버마스의 입장에서 보았을 때, 논쟁을 계속 이어 나가면서 주도권을 되찾을 수 있는 방법은 오직 하나뿐이다. 바로 정신분석에서 의사가 의사의 역할을 수행하면서도 '대화의 원칙'을 지킬 수 있도록 만드는 것이다.

정신분석에서 노이로제는 비교적 심각한 심적 갈등이 원인이 되어 나타난다. 갈등의 양상이 복잡할수록 갈등의 원인은 깊이 감추어져 있으며, 전문성이 없는 사람이 그런 노이로제를 치료하기란 거의 불가능한 일이다. 그 말은 심각한 노이로제를 치료하기 위해서는 전문성을 가진 누군가가 노이로제 자체에 개입해서, 그 안에 담긴 갈등을 치료가 가능한 영역으로 옮겨 놓아야 한다는 것이다. 노이로제의 원인은 무의식 내부에 있는 모종某種의 갈등이다. 그러므로 전문성 있는 사람, 즉 의사가 하는 구체적인 역할은 이러하다.

노이로제 때문에 고통에 시달리는 사람, 즉 환자의 무의식 내부

에 있는 갈등을 의식의 차원으로 옮겨 놓고, 그 갈등이 어떠한 것
인지 그 의미를 알게 해 줌으로써 스스로 고통에서 벗어나게 도와
주는 것이다.

앞에서 언급했던 바와 같이, 노이로제는 대부분 고통스러운 내용
의 심적 갈등이 원인이 되어 나타난다. 그런 이유로 누군가 심적 갈
등을 건드린다면, 당사자는 갈등의 심각성에 비례하는 정도의 고통
을 느끼게 될 것이다. 비록 환자가 자발적으로 의사를 찾았다고는
하나, 그런 일은 어떻게든 회피하려 할 것이 분명하다.[63] 경우에 따
라서는 회피하는 정도를 넘어서 강하게 저항할 수도 있는 일이다.
　이와 같은 문제를 어떻게 해결해 나갈지는 사실 그때그때 의사의
판단에 달린 일이다. 그런데 자주는 아니지만 이런 곤란한 상황 속
에서 꽤나 묘한 일이 생기기도 한다. 프로이트는 그 '묘한 일'에 대해
서 이런 이야기를 하고 있다.

　환자는 고통이 사라지기 바라는 마음으로 의사를 찾는다. 그런
데 의사와 대화를 나누는 과정에서 환자가 자신의 고통보다는 의
사에 대해 더 큰 관심을 갖게 되는 경우가 있다. 물론 그런 경우에
도 환자와 의사가 나누는 대화의 내용은 환자의 고통에 대한 것이
다. 하지만 환자의 관심이나 흥미는 이미 의사에 관련된 것으로 흘

---

[63]　예를 들어서, 자발적으로 병원을 찾았다 하더라도, 누가 주사 맞는 일을 반기겠는가?

러가 버린다. 그 때문에 환자는 일시적으로 자신의 고통을 잊게 되
기도 하는 것 같다.

정신분석에서는 이것을 전이轉移 상황이라 부른다. 의사에 대한
환자의 태도가 반감이나 저항이 아니라 호감이나 호의라고 한다면,
두 사람의 대화에 도움이 될 가능성이 높다.[64] 하지만 어디까지나 정
도의 문제로 보아야 할 것이다. 만약 그 호의와 호감이 지나쳐서 치
료를 위한 공적인 차원의 대화가 사적인 차원으로 변질되어 버린다
면, 의사가 환자를 어떻게 치료할 수 있을까? 그것으로 치료는 아마
도 '물 건너간 것'으로 봐야 할지도 모르겠다. 그런데 여기서도 놀라
운 반전이 일어나는데, 하버마스가 찾고자 하는 새로운 해결책과도
깊은 관련이 있다.

4
전이 상황과 '장면적으로 이해하기'

정신분석의 과정에서 간혹 발생하는 전이 상황은 환자가 의사에

---

[64] 전이가 반감이나 저항의 형태로 나타나는 경우, 환자는 의사의 이야기를 듣지 않으려 할
    것이기 때문에, 그것은 치료에 상당히 심각한 문제가 발생했음을 의미한다.

게 사적인 감정을 갖게 되어, 두 사람 사이의 대화나 관계가 일반적인 치료의 범위를 벗어나게 되는 것을 말한다. 이때 환자는 자신이 알지 못하는 사이에 노이로제 속의 갈등을 ―노이로제의 원인으로서 환자 자신과 어떤 대상 사이의 갈등을― 환자 자신과 의사 사이의 관계로 옮겨 재생시키게 된다. 일단 그런 식으로 전이가 발생하면 환자가 가지고 있는 갈등의 대상은 이제 의사가 되며, 의사는 '본인의 의사意思와 전혀 관계없이' 환자가 겪고 있는 갈등의 직접적인 당사자가 되는 것이다.

전이 상황을 환자 쪽에서 살펴본다면, 전이되어 드러나는 갈등은 물론 환자 자신이 원래 가지고 있던 갈등과 동일한 성격의 갈등이기는 하다. 하지만 그것은 이제 새로운 상황 속에서 새로운 대상과 겪는 새로운 의미의 갈등으로 바뀌게 된 것이다. 또한, 그러한 변화가 '의사를 대상으로' 하기 때문에 생겼다고 한다면, 의사의 입장에서 환자의 노이로제를 이전과는 전혀 다른 방식으로 다룰 기회가 주어졌다는 것을 의미한다.

전이가 발생하면 의사는 갈등의 직접적인 당사자가 되기 때문에, 환자가 겪고 있는 노이로제의 내용과 의미를 정확하게 알 수 있게 된다. 여기에서 말하는 '정확하게'는 단순히 '제3자의 위치에서 어떤 대상에 대해서 듣고 제대로 이해했다'는 정도가 아니다. 아무리 정확하다 한들 '듣고 이해하는' 경우는 결국 간접적일 뿐이며, 당연히 당사자로서 직접 경험하는 것과는 질적인 면에서 분명한 차이가 있을 수밖에 없다.[65]

전이 상황은 의사에게 매우 특별한 경험을 제공해 준다. 노이로제 상황 속 갈등이 환자에게 그대로 남아 있는 ─혹은 유지되어 있는─ 상태에서 전이 상황이 발생하기 때문에, 의사는 우선 환자가 겪고 있는 원래 갈등을 외부에서 관찰하는 관찰자인 동시에, 다른 한편으로는 전이 상황 속에서 환자와의 갈등을 직접 겪는 갈등의 당사자가 된다. 그 두 가지 갈등은 '동일한 성격'을 가지고 있으며, 그렇기 때문에 어느 한쪽의 갈등이 정상적으로 해소된다면, 다른 한쪽도 마찬가지 방식으로 자연스럽게, 어쩌면 저절로 해결될 수 있을 것이다.

하버마스는 이 내용을 가다머와의 논쟁에 적용해서, 특히 정신분석과 관련된 논의의 과정에서 불리해진 상황을 단숨에 역전시키려 했다. 그러기 위해서는 전이 상황을 중심으로 하는 자료의 과정을 더욱 체계화된 방식으로 설명해야 하는데, 그런 목적으로 그가 제시했던 것이 바로 로렌처Alfred Lorenzer의 '장면적으로 이해하기'였다.

정신분석의 과정에서 의사는 환자로부터 많은 정보들을 얻게 된

---

65 예를 들어서, 배가 아파 병원을 찾은 환자의 경우를 생각해 보자. 의사는 환자의 이야기를 들으면서 다양한 방법으로 증세의 원인을 찾게 된다. 예를 들어서, 구체적으로 어디가 어떻게 아픈지, 다른 병증을 가지고 있지는 않은지, 혹은 따로 복용하고 있는 약은 없는지, 그런 것들을 물어보기도 하고, 아니면 손으로 배 이곳저곳을 눌러 보거나 청진기를 대 보기도 하면서 정확한 진단을 내리기 위해 애를 쓸 것이다. 또 이런 경우를 가정해 보자. 이번에는 의사 자신이 배가 아프기 시작한 것이다. 이제 의사는 다른 누군가가 아니라 바로 자기 자신을 대상으로 진단을 내려야 하는 상황이 되었다. 이런 경우에도 의사는 환자를 진찰할 때와 같은 과정들을 모두 그대로 거쳐야 하는 것일까? 만약 진단의 속도나 결과의 정확성을 따져 본다면 과연 어느 쪽이 나을까?

다. 하지만 정보들 대부분은 마치 파편처럼 이리저리 흩어져 있기 때문에, 의사의 입장에서 그 모든 조각들을 하나도 놓치지 않고 모두 다 제대로 활용하기란 대단히 어려운 일이 아닐 수 없다. 그것은 전이의 발생을 전후한 모든 상황에서도 역시 마찬가지이다. 지금부터 소개하려는 '장면적으로 이해하기'는 바로 그런 문제들을 해결하는 데 매우 큰 도움을 줄 수 있는 방식이다.

'장면적으로 이해하기'는 대체적으로 이렇게 진행된다. 먼저 의사는 환자와의 대화를 통해 얻게 된 정보들을 활용해서, 환자가 겪고 있는 갈등 상황을 ─마치 영화의 한 장면으로 그려 내듯이─ 하나의 장면으로 구성한다. 더 쉽게 말하자면, 의사는 환자가 하는 이야기 속 정보들을 하나의 장면에 조립하듯 맞춰 넣으면서, 갈등 상황을 하나의 장면에 그대로 담아 낸다. 같은 방식으로 몇 가지 장면들을 더 완성하고 나면 의사는 장면들을 서로 비교하면서 환자의 노이로제가 어떤 의미를 갖고 있는지를 매우 정확하게 파악할 수 있게 된다.

'장면적으로 이해하기'에서 환자의 노이로제, 즉 증세와 관련된 상황은 크게 세 가지로 나뉘어 각각의 장면으로 구성된다. 그 첫 번째는 '실제 상황'인데, 현재 환자가 드러내고 있는 증세를 그대로 반영하는 상황으로, 의사를 찾은 환자의 진술은 보통 여기서부터 시작된다.

의사는 환자의 이야기를 들으면서 '증세 상황 속 행위자들이 서로 어떤 작용을 하고 있는가?'를 기준으로 장면을 구성하기 시작한다.

이때 의사는 다음과 같은 두 가지 사실을 전제하면서 작업을 진행해야 한다.

첫째, 그 상황 속 행위자들의 상호작용이 '특정한 구조'를 가지고 있다.
둘째, 그 특정한 구조가 환자의 삶 전체의 역사와 관련되어 있다.

여기에서 '환자의 삶 전체의 역사와 관련되어 있다'는 말은 '장면적으로 이해하기'가 특히 이러한 경우에 적합하다는 것을 의미한다.

증세의 원인이 환자가 잊고 있는 어린 시절에 있는 경우[66]

그래서 의사는 먼저 환자의 증세에 대한 이야기로부터 그것을 하나의 장면으로 구성한 다음, 증세의 원인이 되는 상황을 찾아 올라가서 그것을 다시 하나의 장면으로 구성하게 된다.

그런 작업을 하기 위해서 의사는 환자의 과거 행적에 남아 있는

---

[66] 노이로제, 즉 증세는 '그 원인이 어디에 있는가?'를 기준으로 두 가지 종류로 나뉘게 된다. 하나는 그 원인이 환자가 기억해 낼 만한, 상대적으로 가까운 과거에 있는 경우이고, 그에 대해서는 이미 앞에서 두어 가지 예를 통해서 자세히 이야기했던 바 있다. 다른 하나는 그 원인이 환자가 기억하기 어려운 과거, 즉 환자의 유아기나 유년기의 이미 사라진 기억 속에 있는 경우인데, 지금 우리는 오직 후자의 경우만을 대상으로 '장면적으로 이해하기'가 구체적으로 어떤 것인지, 또한 그것이 논쟁에 어떻게 적용될 수 있는지 살펴보게 될 것이다.

기억 조각들을 모아서, 그것들로부터 증세의 원인이 되는 상황, 즉 '유아기 상황'을 파악한다. 유아기 상황은 '장면적으로 이해하기'에서 두 번째로 구성될 장면인데, 이때 의사는 이미 실제 상황을 잘 알고 있기 때문에, 환자가 가진 과거 기억의 조각들 중에서 어떤 것이 유아기 상황에 부합하는 것인지도 비교적 정확하게 판단할 수 있다.

'장면적으로 이해하기'의 세 번째 장면, 여기서 구성될 대상은 바로 전이 상황이다. 전이 상황은 앞에서 설명했던 바와 같이, 환자의 현재 증세 상황 속 갈등, 그리고 환자의 유아기 상황 속 갈등과 동일한 성격의 갈등이 환자와 의사 사이에 그대로 재현, 반복되는 상황이다.

전이 상황에서 환자는 자신이 의식하지 못하는 사이에 자신의 증세 속 갈등을 ―그것은 또한 증세의 원인이 되는 유아기 상황 속 갈등이기도 한데― 의사에게 그대로 드러내 보인다. 일단 전이가 발생하면 의사는 자연스럽게 '지금 환자에게서 어떤 일이 벌어지고 있는가' 하는 것을 알게 되며, 그 내용들을 재료로 삼아 다시 하나의 장면으로 구성하게 된다.

이처럼 의사는 실제 장면으로부터 시작해서 유아기 장면을 구성하고, 그 과정에서 문제의 '전이'가 발생하면, '장면적으로 이해하기'의 마지막 구성 요소로서 전이 장면을 구성한다. 그리고 그 세 가지 장면을 비교함으로써 환자가 겪고 있는 정신적 갈등의 실체를 정확하게 파악하게 된다. 그렇게 갈등의 실체가 '정확하게' 드러나게 되면, 의사는 먼저 환자와 자신 사이의 갈등, 즉 전이 상황을 해소시키고, 그것을 바탕으로 환자가 실제 상황 속 갈등을 스스로 해결할 수 있도록 유도한다.

전이 상황(의 발생과 소멸)을 전후한 일련의 과정에서, 환자는 현재 자신이 겪고 있는 갈등, 즉 실제 상황 속 갈등과 동일한 성격의 갈등, 더 구체적으로 말하자면, 환자 자신과 의사 사이의 갈등이 해소되는 경험을 하게 된다. 덕분에 그는 스스로의 힘으로 증세 속 갈등도 극복할 수 있게 되며, 환자의 증세도 자연스럽게 사라지는 것이다.

5

로렌처와 '장면적으로 이해하기'

'장면적으로 이해하기'에서 전이 상황이 갖는 의미는 매우 특별하다. 환자의 증세에 대해서 소위 '제3자'에 불과했던 의사가 전이 상황에서는 증세 속 갈등의 대상, 즉 환자가 겪고 있는 갈등의 당사자가 된다. 다시 말해서, 환자의 증세에 대해서 외부적 관찰자의 입장에 있던 의사가 전이 상황에서는 증세 속 갈등의 직접적인 경험자로 바뀌게 된다는 것이다.

증세의 치료라는 관점에서 보았을 때, 이러한 변화는 치료의 차원이 근본적으로 달라졌다는 사실을 의미한다. 관찰자(로서)의 경우, 아무리 잘해 봐야 의사의 행위는 증세에 대한 해석의 차원을 넘어설 수 없다. 그럴 경우 '증세에 대한 의사 자신의 해석이 정말로 옳았는가?' 하는 질문의 답은 오직 '그 해석을 통해서 환자의 증세가 사라졌는가?' 하는 결과를 통해서만 간접적으로 알 수 있을 뿐이다.[67]

반면에 의사가 증세 속 갈등을 직접 경험하게 되는 경우, 의사는 증세의 성격이나 내용에 대해 '간접적으로' 해석하는 차원을 넘어서, 그 증세 속 갈등이 어떤 것인지, 또한 증세가 무엇을 의미하는지 '직접적으로' 확인할 수 있다.

이처럼 전이 상황은 '관찰-해석'과 '참여-경험'의 대립 구도가, 조금 더 쉽게 이야기하자면, '그 두 가지는 동시에 발생할 수 없다'는 기존의 상식이 깨지는 아주 특수한 상황이다. 만약 정말로 전이 상황이 특수한 상황이라고 판명된다면, 가다머와 하버마스 사이의 논쟁은 다시 하버마스 쪽으로, 그것도 매우 급격하게 기울게 될 것이다.[68]

---

[67] 엄밀하게 말해서, 의사의 해석을 통해서 환자의 증세가 사라졌다 해도, '의사의 해석이 정말로 옳았는가?'는 또 다른 차원의 문제라 할 수 있다. 실제로는 해석이 잘못되었는데 우연하게 증세가 사라지는 경우도 얼마든지 가정할 수 있기 때문이다. 결국 증세의 소멸과 해석의 옳고 그름을 '필연'으로 연결시키기는 어려운 일이다.

[68] 가다머와 하버마스 사이의 논쟁 자체도 그렇지만 이 내용은 아마도 많은 학문 분야에 적지 않은 영향을 미치게 될 것이다. 이 논쟁에 학계의 관심이 높았던 이유도 바로 그런 문제들이 이 논쟁에 걸려 있었기 때문이다.

우리는 지금 가다머와 하버마스의 논쟁에서 전이 상황이 갖는 의미를 특히 로렌처의 '장면적으로 이해하기' 방식을 통해서 살펴보고 있다. 이제부터는 구체적인 사례를 통해서 '장면적으로 이해하기'가 정확하게 어떤 과정들로 구성되어 있는지, 각 과정마다 의사는 어떤 것을 경험하고 어떤 것들을 알게 되는지, 조금 더 세세하게 따져 보기로 하자. 아래의 내용은 로렌처가 제시했던 사례를 거의 그대로 옮겨 놓은 것이다.

어떤 환자가 의사와 상담을 하면서, 오늘 직장 상사와 말다툼을 벌인 일에 대해서 이야기를 하고 있다. 환자는 의사에게 이렇게 말한다.

환자: 저 오늘 우리 회사 과장님하고 좀 싸웠습니다.
의사: 왜요?
환자: 근무시간 조정 때문에요.

의사는 이 장면 속 갈등의 구조를 이렇게 그리게 될 것이다.

환자—근무시간—과장

그런데 의사는 방금 전에 환자가 자신에게 두 차례나 불평을 했던 사실을 기억하고 있다. 의사가 정한 상담시간이 자신에게 맞지 않으니, 조정해 달라는 것이었다.

만약 환자가 지금의 이야기를 의사가 아닌 다른 누군가에게 하게 된다면, 아마도 이런 식이 될 것이다.

환자: 나 오늘 병원에 갔다가 상담시간 때문에 의사하고 좀 언짢은 일이 있었어.

의사는 환자가 하는 이야기나 자신에게 보인 태도를 통해서 환자가 겪고 있는 갈등 상황들을 이렇게 파악하게 될 것이다.

환자―근무시간―과장
환자―상담시간―의사

의사는 이런 식의 갈등 구조가 환자의 어린 시절 어디엔가 있을 것이라 가정하고, 환자로부터 그의 어릴 적 이야기들을 듣는다. 그러다가 환자가 어렸을 때, 이와 비슷한 문제로 그의 아버지와 갈등을 겪었다는 사실을 알게 된다.[69]

따라서, 다음과 같이 정리될 수 있는 세 가지 상황과 그 상황 속 행위자들의 상호작용의 성격은 모두 같은 것이라 할 수 있다.

---

[69] 예를 들어서, 공부시간 때문에 아버지와 환자가 말다툼을 했던 경우를 가정할 수 있겠다. 그럴 경우 우리는 두 사람 사이의 갈등 상황을 이렇게 쓸 수 있을 것이다. [환자―공부시간―아버지]

실제 상황: 근무시간을 놓고 벌어진 과장과의 충돌

전이 상황: 상담시간을 놓고 벌어진 의사와의 충돌

유아기 상황: 실제 상황, 전이 상황과 같은 식으로 벌어졌던 아

버지와의 충돌

이 세 가지 상황 속에서 갈등을 겪고 있는 사람들 사이의 상호작

용 방식은 동일하다. 결론적으로 이 세 가지 상황은 내용적으로 동

일한 상황이다.

실제 상황 = 전이 상황 = 유아기 상황

로렌처의 설명을 토대로 우리는 의사가 전이 상황을 통해서 환

자의 증세 상황과 동일한 상황을 직접 경험할 수 있음을 확인했

다.[70] 이제 의사는 다른 사람의 이야기를 듣고 판단하는 위치에서,

그와 동시에 이야기의 내용을 직접 경험하고 아는 위치에 있게 되

었다.

앞서 이야기했던 것처럼, 전이 상황은 '참여와 관찰이(혹은 경험과

관찰이) 동시에 일어날 수 없다'는 금기禁忌의 예외적인 사례로 밝혀

졌으며, 이것으로 하버마스는 일단 가다머의 반격을 성공적으로 막

---

[70] 로렌처에 따르면, 환자의 유아기 상황(속 갈등)은 실제 상황과 전이 상황에서 '그 당시와
같이'라는 방식으로 반복된다.

아 내는 동시에, 이전의 공세적인 위치를 회복할 실마리를 찾은 것처럼 보인다.

6
전이 상황의 특수성과 이론적 한계

하버마스가 가다머와의 논쟁에서 전이 상황을 언급하며 반전을 꾀했던 것, 그것은 적어도 그가 기대했던 이상의 효과를 나타냈다. 처음 하버마스는 가다머의 이해 개념이 반성의 대상이 될 수 있음을 보이기 위해서 정신분석을 끌어들였다. 그러나 정신분석은 사회와 사회 안에서의 의사소통이라는 관점에서 대단히 무기력한 모습을 보였고, 하버마스는 별다른 소득 없이 스스로 논쟁을 마무리 해야 하는 위기에 몰리는 듯했다.

그러나 하버마스는 ─비록 그가 정신분석의 한계에 대한 가다머의 지적을 완전히 극복한 것은 아니었지만[71]─ 정신분석 안에서 새로운 돌파구를 찾을 수 있었다. 그것이 바로 전이 상황이었는데, 그

---

[71] 사회를 배경으로 했을 때, 정신분석에 내재된 한계를 말한다. 그것은 대체적으로 이러한 내용이었다. '정신분석에서 환자에게 증세가 발생했다는 것, 사회로 치면 누구에게 무슨 일이 생겼다는 것을 말하는가?' 그리고 '정신분석에서 의사에 해당하는 역할을 사회 안에서 과연 누가 행할 수 있겠는가?'

특수성이나 가치는 로렌처의 자세한 해설을 통해서 충분히 입증이 되었다고 볼 수 있다.

전이 상황은 특수한 만큼 실제로 특별한 가치를 가지고 있다. 하지만 '특별한 가치'는 그것이 특수한 경우에 적용될 때나 비로소 드러나게 된다. 쉽게 말하자면, 이 논쟁에서 전이 상황이 유의미한 역할을 할 수 있기 위해서는 다양한 조건들이 매우 정밀하게 맞아 떨어져야 하며, 그렇지 않을 경우에는 한계가 뚜렷하다는 것이다.

지금까지 우리는 로렌처의 '장면적으로 이해하기'를 살펴보면서 전이 상황의 특수성과 그것의 특별한 가치에 집중했었다. 이제부터는 전이 상황에 내재된 문제점과 한계에 대해서 살펴볼 차례이다. 만약 그것의 문제점이나 한계가 그리 대단치 않은 것이라고 한다면, 하버마스의 주장은 여전히 유효한 것으로 남을 것이고, 반대로 그 안에서 중대한 결함이 발견된다면, 논쟁이 더 이상 지속되기는 사실상 어려울 것이다. 의사는 환자의 증세 자체에 —그리고 오직 그것에만— 집중하기 위해서, 모든 것을 편견 없이 바라보아야만 한다. 환자와의 대화가 이루어지는 상황이나 환경 등에 대해서 의사가 민감할 수밖에 없는 이유가 바로 여기 있다. 그러니 의사는 환자와의 대화와 관련된 모든 요소들을 철저하게 통제해서, 그 어떤 것도 치료를 방해하지 않도록 만들어 놓아야 한다. 그런데 그중에서 문제를 일으킬 가능성이 가장 높은 요소는 정말 아이러니하게도 바로 의사 자신이다.

올바른 진단과 효과적인 치료를 위해서 의사는 중립적인 시각을 잃어서는 안 된다. 의사는 자신의 진단에 영향을 미칠 수 있는 개인적인 가치관 같은 것으로부터 스스로 충분하게 벗어나 있어야 한다. 그것이 바로 환자의 증세를 편견 없이 바라보기 위한 최소한의 전제조건이 아니겠는가? 더구나 환자의 증세가 ―혹은 증세의 원인이― 사회적으로 용인된 가치판단의 범위를 벗어나 있는 경우도 있을 수도 있다. 그럼에도 불구하고 의사가 사전에 자신의 태도나 생각을 제대로 조절하지 못했을 경우, 그것은 증세에 대한 진단과 처방에 있어서 치명적인 악영향을 미칠 수도 있다.

이런 문제에 대해서 프로이트는 의사에게 ―혹은 환자에게도― 다음과 같은 충고를 하고 있다.

의사는 환자가 겪고 있는 문제가 사회에서 요구하는 도덕적인 속박 같은 것에서 나온 문제일 수 있다는 사실을 가벼이 여겨서는 안 된다. 만약 그런 경우라고 판단한다면, 의사는 환자에게 이러한 내용의 충고를 하는 것이 옳을 것이다.

"우리가 중요하다고 생각하는 규칙이나 가치를 삶 속에서 완벽하게 지키거나 실현해 나가기는 너무 어렵습니다. 실제로 그것들은 지나치게 이상理想적인 쪽으로 치우쳐 있는 경우가 많습니다. 그러니 너무 자신을 얽매지 마시고, 즐겁고 만족스런 생활을 할 수 있도록 스스로 조금 더 너그러워지기 바랍니다. 그렇다고 해서 방탕하거나 문란한 생활을 해도 좋다는 것은 절대로 아닙니다. 단지 인생의 즐거움을 마음껏 누릴 수 있도록 해 보시라는 말입니다."

말은 쉽지만, '방탕하지 않으면서도 마음껏 즐거움을 누리는 것'이 어떻게 쉬운 일일 수 있을까?[72] 비슷한 맥락에서 '환자를 치료하기 위해서 자신이 가진 가치관으로부터 충분하게 벗어나 있는 것', 그것 역시 의사에게는 대단히 어려운 일이다. 아무리 철저하게 자신을 통제하려 해도, 사람이 하는 일인 이상, 의사의 가치판단은 언제라도 진단에 영향을 미칠 수 있다.

물론 '의사가 가진 태도나 생각들이 어떤 경우에 편견으로 작용하게 되는가?' 하는 것을 특정하기는 무척 곤란하다. 그렇지만 그것이 증세를 분석하고 진단을 내리는 작업에 방해가 될 가능성은 얼마든지 있다. 특히 전이 상황과 관련해서 프롬Erich Fromm이라는 학자는 다음과 같은 우려를 나타낸 바 있다.

전이 상황을 전후한 환자의 태도 변화에 대해서 의사는 어떻게 정확하게 판단할 수 있을까? 그것이 가능하기 위해서는 의사는 자신과 환자에 대해서 거의 '백지 상태' 수준의 중립성을 확보하고 있어야 할 것이다.

---

[72] 프로이트가 이야기하듯 '성적인 즐거움'이 대표적인 경우에 해당한다고 할 수 있을 것 같다.

일반적인 경우라고 한다면, 전이는 의사에 대한 환자의 신뢰가 충분하고 그에 상응해서 호감이 상승했을 때 발생하기 쉽다.[73] 그런데 의사라는 직업의 성격상, 우리는 대체적으로 —달리 말해서, 다른 직업과 비교했을 때 상대적으로— 의사를 신뢰하며 호감을 갖기 쉽다. 그렇다고 한다면 의사는 환자의 태도가 특정하게 변했다는 것을, 즉 실제로 전이가 발생한 것인지 아니면 일반적인 수준 정도의 호감이 생긴 것인지를 어떻게 분간할 수 있을까? 또한 의사는 자기 자신이 그런 변화를 알아챌 수 있을 정도로 중립적인 태도를 유지하고 있음을 어떻게 확신할 수 있을까? 상황이 이렇다고 한다면, 의사는 언제부터 환자에게서 전이가 발생한 것인지, 혹은 실제로 전이가 발생한 것인지조차도 정확하게 판단하기 어려울 것이다.

전이에 대한 의사의 판단이 그 정도 수준에서 그친다고 한다면, 그것은 그저 상황에 따라 수시로 일어나는 감정의 변화를 단순하게 '느끼는' 정도에 불과할 것이다. 그런 것은 우리도 일상생활에서 얼마든지 경험하는 그런 흔한 일일 뿐이다. 예를 들어서, 누군가에 대한 반감이나 증오심 혹은 애정이나 존경심, 그도 아니면 이러저러한 미묘한 감정들, 그 모든 것이 어린 시절 부모에게 가졌던 태도의 반복일 것이며, 그런 일상적인 감정들 중에서 우리가 어떤 것이라도 의사에게 드러내 보였다고 한다면, 의사는 그것을 전이가 발생한 것

---

[73] 만약 환자의 입장에서 의사가 낯설고 어렵게 느껴진다면, 호감이든 반감이든 어떤 태도도 쉽게 드러내지 못할 것이다.

으로 간주해야 할 것이다. 결국 전이의 발생 여부에 대한 판단은 쉽지도 않을뿐더러 그리 분명하지도 않은 셈이다.

정신분석의 과정에서 만약 전이가 '정상적으로' 발생한다면, 치료에 상당히 긍정적인 요인으로 작용하게 된다. 그런 이유로 의사의 입장에서 전이의 발생은 당연히 반길 만한 일이 아닐 수 없다. 특히 '장면적으로 이해하기'의 관점에서 보았을 때는 더욱 그러하다. 환자와의 대화 과정에서 의사가 증세의 의미를 정확하게 확인해야 하는 경우도 있는데, 전이의 발생은 그에 대한 가장 확실한 근거 내지는 증거가 될 수 있기 때문이다. 만약 상황이 그렇게 흘러가게 된다면, 의사로서는 은근히 전이의 발생을 기대하거나 혹은 기다리게 될 수도 있다.[74] 그 말은 의사가 비록 의도적으로 이렇게 하지는 않겠지만, 자신도 모르는 사이에 전이를 유도하는 방향으로 환자와의 대화를 이끌어 가게 될 수도 있다는 것이다.

만약 의사가 일부러 전이를 유도하려 한다면, 환자와의 대화는 당연히 왜곡되거나 변질되고 말 것이다. 또한 그렇게 해서 결국 전이가 발생했다고 하더라도, 그것을 증세 상황과 동일한 상황의 반복이라고 단정하기는 대단히 어려울 것이다. 그럴 경우 증세에 대한 의사의 진단은 환자를 더욱 혼란스럽게 만들거나, 오히려 증세를 악화시키게 될 가능성이 높다. 그런데 더욱 심각한 것은 문제가 그 정

---

[74] 의사와 환자의 대화는 대부분의 경우 현실적인 제약 안에서 이루어진다. 공간적인 제약은 당연한 것이며, 시간도 그들에게 무제한 제공되는 것은 아니다.

도에서 그치지 않는다는 사실이다.

'의사가 무엇인가를 유도한다는 것', 그것 자체가 문제가 된다고 한다면, 환자와의 대화 과정에서 의사는 도대체 무엇을 할 수 있을까? 환자와의 대화는 의사가 환자에게 증세의 원인을 드러내도록 하는 일종의 '유도' 과정이라 할 수 있다. 그런 식의 유도가 정당한 것이라고 한다면, 그 안에서 어떤 식의 유도는 정당하다고 또 어떤 것은 부당하다고 말할 수 있을까?

7

전이 상황의 실천적 유용성

정신분석에서 의사의 역할은 환자와 대화를 하면서 환자의 증세가 어떤 의미를 가지고 있는지 알아내는 것이다. 환자와의 대화는 일상언어의 차원에서 이루어지는데, 이는 곧 정신분석이 의사가 환자의 일상언어를 분석하는 과정이라는 말이 된다. 일상언어에 대한 분석은 일상언어보다 적어도 한 단계 높은 차원에서 가능하기 때문에, 만약 증세에 대한 분석과 치료가 정상적으로 이루어졌다고 한다면, 의사는 환자가 속해 있는 일상언어와는 다른, 소위 '메타언어'[75]

---

[75] '메타'라는 말은 '~의 상위에 있는, ~을 넘어서는'이라는 의미의 접두어이다. 앞서 여러 차

의 위치에 있었다고 보아야 할 것이다. 이미 여러 차례 언급했던 바와 같이 이것이 바로 하버마스가 가다머와의 논쟁에 정신분석을 끌어들였던 이유였다.

하버마스가 정신분석으로부터 기대하고 있는 것을 크게 두 가지로 압축해 보면 아래와 같다.

> 첫째, 의사가 일상언어를 넘어설 수 있음을 보인다.
> 둘째, 그렇게 해서 의사가 환자의 증세, 즉 환자의 무의식을 직접적으로 들여다볼 수 있음을 밝힌다.

우선 첫 번째로 일상언어에서 벗어나 메타언어의 위치에 올라서는 것, 가다머의 입장에서 보자면, 그것은 인간으로서 일종의 '자기부정自己否定'과 다를 바가 없었다. 의사도 결국은 이해하는 존재로서 인간이며, 이해는 예외 없이 일상언어적 이해이기 때문이다. 그러므로 하버마스 입장에서는 두 번째 문제에 기대를 걸 수밖에 없는 상황이 되었고, 그래서 어느 정도는 불가피하게 전이 상황에 관련된 이야기로 방향을 전환했던 것이다.

하버마스는 정신분석의 일반적인 치료 과정이 가다머의 견해를 더 이상 제약할 수 없음을 알게 되었다. 치료 과정의 어느 순간에도

레 등장했던 '이론언어'도 메타언어의 일종이며, 동일한 의미로 받아들여도 별로 문제가 없을 것이다.

의사는 결국 일상언어를 벗어나 있지 못했기 때문이다. 전이 상황에서도 역시 마찬가지였다. 그럼에도 불구하고 전이 상황에서 의사는 대단히 특수하고 예외적인 상황 속에 놓이게 되는데, 하버마스의 입장에서 그것은 명백하게 가다머가 주장하는 보편성에 대한 예외가 될 수 있었다. 즉 전이 상황에서 의사는 환자의 증세 밖에서 단지 이야기를 들으면서 해석하는 일상적인 위치에만 머물러 있지 않았다. 의사는 놀랍게도 환자가 겪고 있는 갈등의 당사자가 될 수 있었던 것이다.

전이 상황에서 의사는 환자의 이야기를 듣고 해석하는 사람인가, 아니면 그때만큼은 더 이상 의사(로서)가 아니라, 환자와 직접 갈등을 겪고 있는 사람인가? 당연히 둘 다일 것이다. 만약에 의사의 역할이 환자의 이야기를 듣고 해석하는 데 머무는 일반적인 경우라고 한다면, 거기에는 물론 가다머의 보편성 주장[76]이 그대로 적용될 것이다.

정신분석은 한편으로 의사도 무의식의 영향을 받고 있으면서, 다른 한편으로 그런 의사가 환자의 무의식을 반성하는 경우이다. 무의식과 선입견의 관계를 고려했을 때, 그런 식의 반성은 실제로는 그냥 선입견의 영향 아래에서 이루어지는 '일상적인 어떤 것'에 불과할 뿐이다. 그런데 이렇게 일상적인 반성이 이루어지는 동안, 전

---

[76] 우리가 이해하는 존재인 한 결코 선입견에서 벗어날 수 없다는 주장, 또한 선입견에 대한 반성은 절대로 불가능하다는 주장을 말한다.

이가 발생하게 되면 이야기는 전혀 달라지게 된다.

전이 상황을 제외한 다른 모든 경우에 우리는 갈등의 당사자이든지, 아니면 갈등의 외부에서 그것을 관찰하는 사람일 수밖에 없다.[77] 반면에 전이 상황에서 의사는 증세에 대한 관찰자로서 환자의 이야기를 단지 '듣고 해석'하기만 했던 것이 아니라, 증세의 당사자로서 환자와의 갈등 상황에 직접 참여할 수 있었다. 다시 말해서, 관찰자이기만 한 것도 당사자이기만 한 것도 아니라, 관찰자인 동시에 당사자였다는 것이다. 이 이야기를 가다머가 주장하는 내용에 적용해 본다면, 아마도 이런 내용이 될 것이다.

> 전이 상황은 참여와(혹은 경험과) 관찰이 동시에 가능함을 보이고 있다. 그러므로 선입견을 경험하면서 ─즉 선입견의 영향을 받으면서─ 선입견을 관찰하는 것이 완전히 불가능하다고 단정할 수는 없다.

이처럼 전이 상황은 직접적인 참여와 경험, 그리고 경험 외부에서의 관찰이 동시에 이루어지는 대단히 특이한 상황이다. 그렇기 때문에 가다머가 주장하는 보편성에 대한 반례가 될 여지가 충분해 보인다. 그럼에도 불구하고 전이 상황의 한계에 대한 몇 가지 지적은 여전히 하버마스의 입장을 곤란하게 만들고 있다.

[77] 예를 들자면, 어떻게 우리가 싸움을 하면서 동시에 싸움을 구경할 수 있겠는가?

전이 상황의 문제점에 대한 앞선 지적들은 우선 이론적으로는 정당한 것들이었다. 하버마스의 입장에서는 어떠한 경우에도 그러한 지적들을 대충 회피하려 해서는 안 된다. 오히려 지적들을 적극적으로 자신의 논의 안으로 끌어들인 다음, 그곳에서 모두 다 녹여 없애 버려야 한다. 그렇게 하지 않고 반박의 여지를 조금이라도 남긴다면, 그가 지금까지 공들여 쌓아올린 탑이 모두 무너져 내릴 수도 있기 때문이다.

하버마스 역시 그런 위험을 잘 알고 있었을 것이다. 그래서 만약 그가 프롬과 만나서 토론을 벌인다고 한다면, 그는 우선 프롬이 언급했던, 의사의 중립적인 시각에 대해서 적극적인 반론을 폈을 것이다.

의사가 환자와 환자의 증세에 대해서 중립적인 시각을 가져야 한다는 것, 하버마스도 그것 자체를 부정하려 하지는 않았다. 하지만 그가 보기에 그 안에는 아래와 같은 불분명한 내용이 담겨 있기 때문에, 이야기는 얼마든지 융통성 있게 흘러갈 수도 있었다.

> 여기에서 말하는 중립적인 시각은 도대체 어느 정도로 중립적인 것을 말하는 것일까?

세상에 완벽한 중립이라는 것이 있을 수 있을까? 만약에 있다고 한다면, 환자와 환자의 증세에 대한 완벽한 중립이란 구체적으로 어떤 것을 말하는 것일까? 일반적으로 의사에게 요구되는 중립성이란, '의료적 판단에 영향을 미칠 만한 편견을 갖지 않는 정도'면 충분하다. 그러나 앞서 프롬이 제기했던 중립성 문제는 아예 차원을 달리하는 것이다.

프롬이 말하는 중립성은 의사가 환자나 환자의 증세에 대해서 마치 어떤 것이 기록되기를 기다리는 '백지장'과 같은 수준에 있어야 한다는 것이었다. 이 정도의 중립성이 아니라고 한다면, 전이 상황과 연결된 의사의 모든 판단은 —특히 이론적인 관점에서— 그 정확성을 인정받기 대단히 어렵다.

이론적으로 엄격한 차원이라는 전제를 깔아놓은 상태에서, 전이 상황이 하버마스의 기대를 충족시킬 수 있으려면, 의사는 환자와 환자의 증세에 대해서 조금의 편견도 가져서는 안 된다. 한마디로 전이 상황에서 의사에게 허용되는 편견의 정도는 이론적으로 '제로'이어야 한다는 것이다. 그런데 이론상 '제로의 편견'이란, 실제로는 '아무 생각도 없음, 혹은 생각 자체가 없음'을 뜻하는 것이다. 어떻게 그런 것이 있을 수 있을까? 그러니 따지고 보면 결국 '실제로는 불가능한 것을 이론적인 차원에서 요구하는 것'에 불과할 따름이다.

정신분석에서 환자의 증세에 대한 의사의 진단이 옳았다는 사실을 어떻게 알 수 있을까? 가장 확실한 판단 기준은 역시 '환자의 증세가 제대로 치료되었는가?' 하는 것이다. 만약 제대로 치료가 되었다고 한다면, 환자의 증세는 당연히 사라졌을 것이다. 물론 의사의 진단이나 치료의 과정에서 다양한 이론들이 적용되었을 것이고, 여기에 혹시 어떤 문제가 없었는지 확인하는 작업은 여러 가지 면에서 의미가 있을 것이다. 그럼에도 불구하고 의사나 환자에게 있어서 정말로 중요한 일은 어디까지나 환자의 증세를 치료하고 고통을 없애는 일이다. 실제로 그렇게 치료가 되었다고 한다면, 의사의 진단이 옳았다고 판단하더라도 별다른 무리가 없을 것이다.[78]

프롬이 지적했던 바와 같이, 환자를 대하는 의사가 마치 '백지장'처럼 있지 않다고 해서, 정말로 그것이 문제가 되는 것일까? 환자에 대한 의사의 감정이나 태도가 치료를 방해하는 정도가 된다면 당연히 문제가 될 것이다. 그리고 그런 상황에서 혹시 전이가 발생한다면 문제는 더욱 심각해질 것이다. 그러나 사람이 기계가 아닌 이상, 어떻게 사람이 사람을 대하면서 마치 '방금 포맷format한 하드디스크'처럼 있을 수 있을까?

의사도 사람인데 환자를 대할 때 분명히 환자로부터 어떤 인상을 받게 될 것이고, 의사 자신이 원하든 원하지 않든, 혹은 의식하고 있든 그렇지 않든, 이런저런 소소한 생각들을 떠올리게 될 것이다. 그럼에도 불구하고 '이론이 요구를 하니' 이런 것들마저 의지나 방법으로 눌러서 없애라 하고, 그렇지 않을 경우 의사의 진단(의 정확성)을 의심하겠다고 말한다면, 정신분석은 오직 이론적으로만 유의미한, 일종의 '공상空想'이 되어 버리고 말 것이다.

의사의 진단과 치료로, 특히 전이 상황을 거치면서 환자의 증세

---

[78] 또한 의사의 진단이나 치료(방식)에 기존의 이론과 맞지 않는 부분이 있다고 한다면, 기존의 이론을 수정하거나 새로운 이론을 정립하는 것이 옳을 것이다.

가 사라지게 되었다. 그런데 의사가 환자를 대하면서, 증세에 대한 진단이나 치료와는 상관없이 ―사람으로서는 피할 수 없는 정도로 ― 이런저런 생각을 하기도 했었다. 이 두 가지가 함께 맞물릴 경우, '혹시 의사의 진단이나 치료에 문제가 있었던 것은 아닐까?'라며 의심을 하는 것이 과연 합리적인 일일까? 전혀 그렇지 않을 것이다.

물론 정신분석과 전이 상황에 대한 프롬의 우려가 결코 무가치한 것은 아니다. 의사는 이런 지적에 대해서 귀를 기울이고 치료에 문제가 생기지 않도록 늘 자신을 경계해야 할 것이다. 그러나 환자의 증세에 대한 진단과 치료에 방해가 되지 않는 정도라고 한다면, 환자에게서 의사가 어떤 인상을 받든지, 혹은 어떤 생각을 갖든지 별로 문제될 것이 없다. 그러므로 정신분석에서 의사에게 필요한 '중립성'이란, 마치 칼로 무엇인가를 도려내듯 날카롭고 완벽한 중립성이 아니다. 아마도 이런 정도면 충분할 것이다.

환자나 환자의 증세에 대해서 의사의 판단을 왜곡시키지 않는, 그리고 치료에 방해가 되지 않는 정도의 중립성.

'의사가 조급한 마음에 전이를 유도하려 할 수도 있다'는 우려, 그것 역시 앞서 말한 중립성의 경우와 비슷한 맥락에서 이해하는 것이 옳을 것이다. 정상적인 경우라고 한다면 의사도 스스로 조급함에 전이를 유도하는 일들을 경계할 것이고, 그런 일로 인해서 의사의 판단이 왜곡될 가능성도 별로 없다. 혹시 미미한 정도로 그런 일이 발생한다 하더라도, 그것만으로 의사의 판단이 잘못되었다고 할 수 있을까? 혹은 그런 일이 있었음에도 불구하고 환자의 증세가 치료되었다면, 그런 경우에도 의사의 판단을 받아들일 수 없다고 할 수 있을까? 그렇지는 않을 것이다. 그러므로 이 경우에도 역시 '정도의 문제'로 보는 것이 합리적일 것이다. 의사의 조급함이 진단이나 치료에 명백하게 악영향을 미친 경우가 아니라고 한다면, 의사의 판단이 옳았다고 받아들여도 별로 문제될 것이 없다는 것이다.

제6장

가다머의 재반박: 이해는 놀이와 같다

1

가다머와 놀이이론

앞에서 이야기했던 바와 같이, 특별한 경우가 아니라면, 우리의 의식은 우리가 잠들어 있지 않은 동안에만 활동한다. 그에 반해 우리의 무의식은 우리가 깨어 있는 동안은 물론이고 우리가 잠들어 있는 동안에도 활동을 멈추지 않는다. 무의식이 활동을 멈추고 쉬는 경우가 있는지는 모르겠으나, 특히 의식이 활동하지 않는 동안에는 완전히 무의식의 '독무대'처럼 되어 버린다.

우리가 '나'라고 말을 할 때, '나'가 의미하는 바는 사실상 우리의 의식이며, 대부분의 경우 무의식은 이야기의 대상조차 되지 못한다. 하지만 단순하게 활동 시간으로 보나, 아니면 상호 간의 영향력으로 보나, 우리에게 있어서 진짜 '나'는 의식이 아니라 무의식이라 보는 것이 오히려 타당할 것 같다. 그렇기 때문에 오래전부터 많은 (철)학자들이 우리의 의식을 의심의 눈초리로 바라보았고, 정신 분석은 그런 의심이 결코 오해가 아니었음을 우리에게 확인시켜 주었다.

하버마스가 가다머와 나눈 많은 이야기들, 그 이야기들 중에서 가장 중심적인 내용은 대부분 사람의 정신활동에 관련되어 있다. 그렇기 때문에 하버마스가 거기에 정신분석을 끌어다 넣은 것은 대단히 현명한 일이었고 또 그만큼 효과도 있었다. 특히 전이 상황에 관련된 내용은 가다머가 주장하는 인간의 한계를 아슬아슬하게나마 뛰어넘을 수 있을, 그런 새로운 단초를 제공해 주기도 했다.

이 논쟁의 진행 과정을 찬찬히 들여다보면, 이쯤해서 가다머가 하버마스와 적당히 타협을 한다 하더라도, 누가 그에게 뭐라고 할 것 같지는 않다. 그런데 가다머 역시 학자로서의 소신이 워낙에 강한 편이라서, 자신의 주장, 즉 '참여해서 경험하는 것'과 '거리 두고 관찰하는 것'은 동시에 일어날 수 없는 일이라는 입장을 조금도 굽히지 않았다.

가다머에게 있어서 이해란 언어와 언어가 나누는 대화이다. 대화의 한쪽은 말을 걸어오는 쪽이고, 다른 한쪽은 그 '말 걸어옴'에 응답하는 우리 자신이었다. 우리는 그런 대화의 과정에서 이해를 경험하게 되며, 또한 이해의 경험은 우리의 의지와 상관없이 우리에게서 지속적으로 일어난다. 그런 의미를 담아서 가다머는 우리 자신을 '이해하는 존재'로 규정했었다. 가다머의 말대로 우리가 정말로 이해하는 존재라고 한다면, 우리는 어떠한 경우에도 이해를 중단할 수 없다. 이해를 중단할 수 없으니, 이해로부터 벗어날 수도, 이해와 관련된 어떤 것으로부터 거리를 두고 관찰할 수도 없다.

하버마스는 정신분석과 전이 상황을 통해서 이 과정에 인위적인 개입이 가능함을 보이려 했다. 그래야 이해의 발생(과정)에 혹시라도 어떤 문제가 있지나 않은지를 검증할 수 있다고 생각했기 때문이다. 반면에 가다머는 그 모든 과정에 우리가 어떤 개입도 할 수 없으며, 당연한 귀결로 검증 역시 전혀 불가능하다고 생각했다. 한동안 하버마스가 정신분석, 특히 전이 상황을 창으로 삼아 가다머를 공격했다면, 이번에는 가다머가 반격을 가할 차례가 되었는데, 이때 그가 반격의 무기로 내세웠던 것이 바로 놀이에 대한 이야기였다.

가다머가 '놀이'를 학문적으로 연구하거나 논했던 첫 번째 학자는 아니었다. 그 이전에도 많은 학자들이 다양한 관점에서 놀이를 다루었고, 그래서 놀이는 이미 여러 가지 방식으로 개념화되어 있었다. 그렇기 때문에 가다머가 놀이에 대해서 완전히 새로운 영역을 개척하거나 독보적인 이론을 정립했다고 보기는 어렵다. 그럼에도 불구하고 그가 학문적 개념으로서 '놀이'를 가장 적절한 시점에 가장 적절한 방식으로 적용하고 있다는 데는 아마도 대부분의 학자들도 기꺼이 동의할 것이다.

우선 놀이에 대해서 가다머가 했던 이야기를 몇 가지를 나열해 보고, 그 이야기들 안에 담긴 주요 내용들을 살펴보기로 하자.

'놀이'라는 것이 있는가? 만약 있다고 한다면, '놀이가 있다'는 것은 정확하게 무엇을 말하는가? 우선 확실한 것은 '놀이가 적어도 우리의 이야기나 생각의 대상으로 있을 수는 없다'는 사실이다. 지금 당장 놀이를 하고 있는 사람의 입장에서도 그것은 역시 마찬가지이다. 물론 그들은 놀이를 하지 않을 때에도 놀이가 무엇인지를 잘 알고 있다. 그리고 놀이를 하고 있는 지금도 자신들이 무엇을 하고 있는지를 잘 알고 있다. 그러나 놀이를 하고 있는 동안, 그들은 놀이에 대해서 그들이 알고 있는 것들을 전혀 생각하지 못한다.

'놀이가 있다'는 것은 '(누군가가) 놀이를 한다'는 것과 같은 말이다. 그것은 '누군가가 놀이에 대해서 생각을 한다거나 이야기를 한다'는 것과는 전혀 다른 성질의 것이다.[79] 또한 '놀이를 한다'라고 해서, 놀이를 하는 사람이 놀이를 좌우할 수 있는 것도 아니다. 놀이를 하는 사람은 아주 단순하게 놀이에 빠져 있을 뿐이고, 바로 그때 놀이는 놀이하는 사람들을 통해서 놀이로서 드러나(보이)게 된다.

놀이는 어떤 목표를 향해서 가다가 그 목표에 도달하고 나면 끝나서 없어지는 것이 아니다. 놀이는 놀이하는 사람이 없으면 사라진 듯 보이다가도, 그들을 통해서 언제라도 끊임없이 반복적으로

---

[79] 우리가 놀이에 직접 참여하지 않고, 밖에서 단지 구경이나 관찰을 하는 경우도 역시 마찬가지이다.

새롭게 시작될 수 있다. 그러므로 놀이는 특정한 외형을 가진 어떤 실체나 개념이 아니라, 오직 '(노는) 활동' 그 자체로서만 존재할 뿐이다.

언뜻 생각해 보면 놀이는 우리가 하거나 말거나 마음대로 할 수 있는 하찮은 것에 불과할 뿐이다. 내용적인 면에서 보아도 놀이에 우리의 삶을 좌지우지할 만한 어떤 내용이 들어 있는 것 같지도 않다. 그러니 사실 우리로서는 놀이에 대해서 그다지 진지하게 생각할 이유도 별로 없다. 반면에 가다머는 우리가 별로 대수롭게 여기지 않는 놀이에 대해서조차 학자로서의 범상치 않은 면모를 유감없이 드러내고 있다. 놀이에 대한 그의 시각은 우리와 근본적인 부분에서부터 큰 차이를 보이는데, 그 내용을 한마디로 압축해 보자면 이와 같다.

놀이는 언제나 놀이하는 사람보다 우위에 있다.

그렇기 때문에 '(놀이하는 사람으로서) 우리가 놀이를 우리 마음대로 할 수 있다'라는 식의 생각은 대단히 잘못된 것이다. 놀이가 놀이하는 사람보다 우위에 있다고 한다면, 놀이하는 사람은 놀이를 마음대로 하지 못한다. 오히려 거꾸로 놀이를 하는 동안 놀이하는 사람은 놀이에 빠져 있어서, 그저 놀이가 이끄는 대로 따라가게 될 뿐이다. 만약에 그렇지 않다고 한다면, 즉 놀이하는 사람이 더 이상 놀이에 빠져 있지 않다면, 그래서 놀이가 이끄는 대로 따라가지도 않는다고 한다면, 그것은 당연히 더 이상 놀이를 하는 것이 아닐 것이다. 그렇다면 놀이하는 사람으로서 우리는 놀이와의 관계에 있어 어떤 의미를 갖는 것일까?

놀이를 하다가 우리는 ─더 이상 원하지 않는다면─ 그것을 얼마든지 중단할 수 있다. 다시 원하게 된다면, 언제라도 다시 시작할 수 있다. 바로 그런 이유로 우리의 입장에서는 놀이의 주체가 바로 우리 자신인 것처럼 보이는 것이다. 물론 시작과 중단이라는 면에만 시선을 고정하면, 그 말이 그리 틀린 것 같지는 않다. 그럼에도 불구하고 가다머의 시각에서 보았을 때, '우리의 의지가 놀이를 좌우할 수 있다'고 생각하는 것은 여전히 잘못된 일이다. 왜냐하면 굳이 우리가 아니라고 하더라도, 놀이는 다른 누군가를 통해서 언제 어디서든 자신을 드러낼 수 있기 때문이다.

놀이하는 사람은 놀이가 있기 위한 ─즉 놀이가 구체적인 활동으로 드러나 보이기 위한─ 하나의 조건일 뿐이다. 그러므로 놀이하는 사람이 없는 경우, 그것은 놀이가 사라져 없어진 것이 아니라, '놀이가 구체적인 활동으로 드러나 보이지 않는' 상황을 의미할 뿐이다. 놀이는 언제라도 다시 놀이하는 사람을 통해서 놀이로서 자신을 드러내 보일 것이다. 따라서 놀이하는 사람이 없다고 해서 놀이가 완전히 소멸해 버리는 것은 아니며, 그런 맥락에서 가다머는 놀이를 추상적인 개념으로 붙잡아 둘 수 없는 존재, 즉 그때그때마다의 어떤 구체적인 활동으로 규정했던 것이다.

하버마스와의 논쟁이 지금에 이른 상황에서, 가다머는 중단이 없는, 혹은 중단할 수 없는 놀이를 머릿속에 그리고 있다. 시간이나 공간의 제약이 없는 것은 물론이고, 우리가 참여와 중단을 선택할 수 없는 그런 종류의 놀이를 생각하고 있는 것이다. 만약 정말로 그런 놀이가 있을 수 있다고 한다면, 그것은 당연히 우리의 본질과 직접 연결되기 때문에, 우리는 —언제나 그런 놀이에 빠져 있는 존재라는 의미에서— 놀이하는 존재로 규정될 수 있을 것이다.

'우리가 대단히 특수한 방법을 동원한다면, 언어 밖으로 나갈 수 있지 않을까? 혹은 그런 방법으로 이해를 중단할 수도 있는 것이 아닐까?' 이런 물음을 앞에 두고, 우리의 언어적 이해를 놀이(의 한 종류)라고 생각해 보자. 그렇다면 이제 이해는 시간적·공간적 제약과 무관하며, 또한 참여와 중단에 대한 선택도 불가능한 놀이가 되는 것이다. 그런 전제 아래에서, 우리가 만약 그것을 반박할 특별한 어떤 것을 찾아내지 못한다고 한다면, 우리는 다음과 같은 내용도 모두 그대로 받아들여야만 할 것이다.

> 우리가 결코 중단할 수 없는 놀이에 빠져 있어서, 우리가 —그런 놀이에 빠져 있는 존재로서— '놀이하는 존재'로 규정될 수 있다면, 놀이하는 존재로서 우리 중에 그 누구도 놀이를 벗어나 그것을 외부로부터 관찰하거나, 그 안의 무엇인가를 내용적으로 검증할 수 없다.
>
> 우리는 언어적 이해를 경험하고 있는 존재, 즉 '이해하는 존재'

로 규정될 수 있다. 그러므로 이해하는 존재로서 우리 중에 그 누구도 언어를, 혹은 이해를 벗어나 그것을 외부로부터 관찰하거나, 그 안의 무엇인가를 내용적으로 검증할 수 없다.

2

전이 상황과 놀이이론

가다머와의 논쟁이 한참 무르익을 즈음 하버마스가 야심차게 내어놓았던 전이 상황. 이론적으로 완벽하다고 할 수는 없었지만, 실천적인 면에서는 얼마든지 유용하게 활용될 수 있었다. 그러나 그보다 더 중요한 것은 전이 상황이 아직까지 가다머가 주장하는 보편성에 대해서 거의 유일한 예외의 가능성으로 남아있다는 사실이다.

이에 대해 가다머는 '이해하는 것'과 '놀이하는 것'의 유사성을 언급하면서, 여전히 우리가 우리의 의지로 이해를 중단하거나 이해로부터 벗어날 수 없다는 주장을 고수하고 있다. 이렇게 두 학자의 의견이 팽팽하게 맞서 있는 상황에서 과연 전이 상황의 특수성은 놀이 상황의 보편성을 극복하고 우리에게 새로운 반성의 길을 열어 줄 수 있을까?

전이 상황은 분명 환자가 자신의 증세 상황을 의사에게 그대로 반복함으로써 자신의 무의식을 의사에게 '직접' 드러내 보이는 상황이다. 그러므로 하버마스의 시각으로 보면, 의사는 그때 환자가 자신을 향해서 드러내는 무의식의 내용을 '있는 그대로' 파악할 수 있다. 무의식과 선입견의 동질적인 성격을 고려했을 때, 전이 상황에서 벌어진 일은 한편으로 선입견의 내용이 파악된 것으로 간주될 수 있으며, 그 내용에 대한 반성은 곧 선입견에 대한 반성과 다르지 않을 것이다.

또한 전이 상황을 포함하여 환자의 증세에 관련된 모든 문제는 일상언어의 차원에서 발생했고, 의사는 환자의 일상언어에 나타난 문제점을 바로잡았다. 그러므로 언어의 차원이라는 측면에서 하버마스는 의사의 위치를 —환자의 일상언어에 대해서 상대적으로— 메타언어 혹은 이론언어였다고 보고 있는 것이다.

맥락을 제대로 이해하지 못하고 이 이야기를 듣는다면, 우리는 아마도 이런 생각을 하게 될 것이다. '뭐가 이렇게 복잡한가? 모두 다 그게 그거 아닌가? 쓸모없는 말장난에 시간을 낭비하고 있을 뿐이다.' 그러나 조금만 관심을 가지고 따져 본다면, 가다머와 하버마스가 나누고 있는 대화의 실제적인 가치가 얼마나 대단한 것인지 알 수 있다.

그들은 지금 우리가 가진 지식의 최초 출발점으로 거슬러 올라가서, 혹시라도 거기에 어떤 결함이 있는 것은 아닌지를 '검증'하려 하고 있다. 검증의 결과 —아무리 작은 것이라 할지라도— 어떤 문제가 발견된다면, 우리가 가진 지식의 가치, 그것을 넘어서 그 지식을 바탕으로 하는 이 세상의 모든 것들은 이전과는 확실히 다르게 평가

될 수밖에 없을 것이다.

하버마스는 물론이고 가다머도 그 '결함'이라는 말을 그냥 받아들이려 하지는 않을 것이다. 그래서 가다머는 모든 것들을 우리의 존재라는 틀 안에서 자연스럽게 녹여 없애는 길을 찾았다. 또한 하버마스는 반성의 능력을 모든 것들의 상위에 배치시킴으로써 어떤 것이든 극복 가능한 위치로 끌어내리는 방식을 택했다.

'반성의 능력 역시 이해하는 존재라는 테두리 안에서만 발휘될 수 있다.' 가다머의 입장이다. '우리의 반성 능력은 이해의 한계를 뛰어넘을 수도 있다.' 하버마스의 입장이다. 이러한 입장의 차이가 이런저런 과정을 거쳐서 놀이 개념과 전이 상황의 대립으로 구체화되었고, 그것으로 두 학자 사이의 논쟁은 지금 절정의 순간을 맞고 있는 것이다.

∽

한동안 그렇게 팽팽하게 이어지던 대립은 가다머가 하버마스에게 다음과 같은 내용의 질문을 던짐으로써 무게중심이 조금씩 가다머 쪽으로 이동하게 된다.

당신은 '무의식의 내용'을 이야기하고 있지만, 정작 중요한 것은 '무의식 그 자체'가 아닌가?

가다머가 보기에 문제는 하버마스가 생각하는 것보다 훨씬 더 예민한 것이었다. 그래서 그는 하버마스가 내어 놓은 이야기들을 ─ 특히 전이 상황의 특수성을─ 그대로 인정한다 하더라도, 그런 것들이 자신이 주장하는 보편성을 무너뜨릴 수 없다고 확신했다.

하버마스가 이야기하는 대로 전이 상황에서 의사가 환자의 무의식의 내용을 직접적인 경험을 통해서 알아냈다고 해 보자. 그렇게 해서 달라지는 것이 도대체 무엇인가? 그것이 과연 의사가 환자의 무의식 그 자체를 반성했다는 것과 동일시될 수 있는 일인가? 다시 말해서, '무의식의 내용을 직접적인 방식으로 알아낸 것'과 '무의식 그 자체를 있는 그대로 반성한 것'을 같은 것으로 취급할 수 있겠는가 하는 것이다.

하버마스가 이야기했던 것처럼, 전이 상황에서 환자는 자신이 알지 못하는 사이에 증세를 일으켰던 무의식의 상황으로 돌아가게 된다. 그는 그때 자신의 무의식 속 갈등을 ─증세의 원인인 무의식의 내용을─ 의사에게 있는 그대로 드러낸다. 의사 역시 그 갈등의 당사자가 되어 문제가 되는 갈등 상황을 직접적으로 경험하게 된다. 그런데 잘 따져 보면, 상황의 변화를 일으킨 쪽은 사실 환자뿐이다. 왜냐하면 의사는 전이 상황이 발생하기 전이나 전이 상황이 발생한 후에도, 다시 말해서 의사에 대한 환자의 태도가 어떻게 바뀌었든 간에, 계속해서 변함없이 환자의 이야기를 들으면서 무엇인가를 알아내려 하고 있기 때문이다.[80]

여기에서 '무엇인가를 알아내려 하고 있다'는 말, 혹은 그렇게 해서 실제로 '무엇인가를 알아냈다'고 한다면, 이 논쟁에서 의미하는 바는 정확하게 무엇인가?

　　환자가 어떤 상황에서 어떤 것을 어떤 방식으로 의사에게 드러내든, 의사는 그런 것에 아무 상관없이 환자와 일상언어적 대화를 통해서 무엇인가를 '이해'한 것이다.

　의사가 아무리 대단한 전문성을 발휘해서 우리가 도저히 알 수 없는 어떤 것을 알아냈다 하더라도, 그것은 의사가 가진 전문지식이 만들어 낸 성과일 뿐, 결코 일상언어적 한계를 뛰어넘은 것이라 할 수 없다.

　이것이 가다머가 하버마스에게 보이는 한결같은 입장이라고 한다면, 그는 분명 환자에게서 발생하는 상황의 변화가 아니라, 의사가 하게 되는 경험의 성격(규정)에 초점을 맞추고 있는 것이다. 반면에 하버마스는 의사가 아니라 환자에게서 나타나는 변화를 우선적으로 살피고 있다. 그는 환자에게서 나타나는 상황 변화를 기준으로 삼고, 그에 따라 의사의 상대적인 위치가 어떻게 바뀌는가를 따져 보려 했던 것이다.

---

[80] 의사는 환자에게서 일어난 태도 변화를 보면서 '전이 상황이 발생했다'는 것을 알게 된다. 그러나 그 상황에 말려들어가서 환자와의 갈등에 빠져드는 것이 아니라, 의사로서 그 상황 자체를 증세의 치료를 위한 수단으로 활용하게 된다(만약 그렇지 않다면, 의사는 더 이상 의사가 아닐 것이다).

전이 상황에서 환자와 의사의 상대적인 위치 변화를 따져 보았을 때, 실제로 의사는 대단히 특별하고도 예외적인 경험을 하게 된다. 의사는 환자의 일상언어를 왜곡시킨 원인을 직접적으로 살펴볼 수 있으며, 그것을 바탕으로 환자의 일상언어에서 발생한 왜곡을 바로잡을 수 있다. 이러한 일련의 과정을 살펴보았을 때, 실제로 의사는 환자가 속한 일상언어의 차원보다 상위에, 즉 하버마스가 말하는 메타언어 혹은 이론언어의 위치에 올랐던 것처럼 보인다.

만약에 하버마스가 단순히 전이 상황의 기능적인 특수성을 강조하는 차원에서 환자의 증세에 대한 의사의 치료가 '메타언어적인 혹은 이론언어적인 역할을 하는 것과 같다'라고 말하는 선에서 그쳤다고 한다면, 아마도 두 사람 사이의 논쟁이 이처럼 치열하게 번지지는 않았을 것이다. 그러나 하버마스는 단순히 상대적인 위상 변화의 가능성을 이야기하는 정도를 넘어서, '일상언어가 실제로 반성될 수 있음'을 구체적인 사례를 통해서 증명하고자 했던 것이다.

이미 여러 차례에 걸쳐 이야기했던 것처럼, 가다머가 '놀이'를 언급했던 의도는 이런 내용을 강조하려는 것이었다. '우리가 이해하는 존재인 한, 우리에게 이해는 마치 중단될 수 없는 놀이와 같아서, 우리가 이해를 멈추고 이해 밖으로 나가서 이해를(혹은 이해 과정을) 살펴보는 일은 불가능하다.'

가다머의 주장을 받아들인다면, 이해 밖에서 이해를 대상으로 삼아 살펴보는 일을 꿈꾸는 것은 한편으로 이런 일이 가능하다고 생각하는 것과 다를 바가 없다.

우리는 아무런 관점도 없는 상태에서 ―마치 백지와 같은 상태
에서, 혹은 포맷된 하드디스크와 같은 상태에서― 우리 의식 외부
에 있는 무엇인가를 '있는 그대로' 우리의 의식 안으로 옮겨놓을 수
있다.

전이 상황에서 의사는 정말로 이런 일이 가능했던 것일까? '일상
언어적 이해'라는 놀이를 중단하고 놀이 밖으로 나가서 놀이를 관찰
하면서 놀이에 대해서 어떤 판단을 하고 있었던 것일까?

전이 상황에서 환자의 상태가 어떻게 바뀌든 간에, 의사는 여전
히 '의사로서' 환자가 하는 말을 듣거나 환자가 하는 행동을 보고 있
다. 그렇게 하지 않는다면, 의사는 환자가 그렇게 말하거나 행동하
는 이유를 결코 알아낼 수 없다. 만약 의사가 환자의 증세에 대해서
무엇인가를 알게 되었다고 한다면, 그 앞에는 언제나 이러한 것이
전제되어 있을 수밖에 없다.

환자가 의사에게 자신의 증세를, 혹은 증세에 대한 어떤 것을 드
러내야 한다.[81]

---

[81] '어떤 것이 우리에게 드러나야 비로소 우리는 그것을 의식할 수 있다'는 내용을 가다머는
'말 되어진 어떤 것', 혹은 '말해진 어떤 것'이라는 표현으로 설명하려 한다. 우리가 이해
하는 모든 것은 '말 되어진 어떤 것', 즉 '언어(로 드러난 존재)'이며, 그런 면에서 그 '모든
것'은 아무런 차이도, 차별성도 없다는 것이다. 가다머가 말하는 보편성이란 바로 이러
한 것이다.

환자가 의사에게 드러내는 것이 환자 입장에서 무의식 그 자체이든 혹은 다른 어떤 것이든, 의사의 입장에서 그것들은 아무런 차이도 없다. 환자가 드러내는 것의 성격이나 성질이 어떠하든 간에 의사는 한결같이 '자신에게 드러난 어떤 것'을 보거나 들으면서 판단할 뿐이다.[82] 의사에게 있어서 '일상언어적 이해'라는 놀이는 어느 한 순간도 중단되지 않는다. 전이 상황에서도 역시 그러하며, 따라서 가다머는 전이 상황을 일상언어적 이해를 벗어나는 예외적인 상황으로 인정할 수 없는 것이다.

3
일상언어적 놀이에 대한 하버마스의 입장

가다머가 주장하는 이해 개념에 대해서 하버마스가 가진 생각은 아래 세 문장으로 압축될 수 있다.

① 우리의 의식이 경험하는 이해는 일상언어적 차원의 의사소통이다.

---

[82] 이때 의사가 자신에게 드러난 어떤 것을 받아들이는 방식, 그것이 '~로서'가 아닐 수 있겠는가?

② 일상언어적 차원의 의사소통이 체계적으로 왜곡된 경우, 그 의사소통에 참여하고 있는 우리의 의식은 그런 일을 알아채거나 바로잡을 능력이 없다.

③ 일상언어적 차원의 의사소통에 대하여 외부에 있는 관찰자만이 그런 위험을 감시하거나 왜곡을 바로잡을 수 있다.

실제로 가다머의 견해 내부에는 하버마스가 지적했던 문제들을 해결하기 위한 어떤 장치나 실마리도 보이지 않는다. 상식적으로만 생각해 보아도 의사소통은 언제 어떤 이유로든 조작이나 왜곡될 가능성이 있으며, 또한 그런 상황 아래에서도 의사소통 참여자들은 얼마든지 그럴듯한 합의를 도출할 수 있다. 문제는 그때 의사소통 참여자들은 조작이나 왜곡이 벌어지고 있다는 사실을 제대로 알아챌 수 없다는 것이다.

사회 안에서의 조작이나 왜곡은 매우 치밀한 방식으로 이루어진다. 그렇게 누군가가 의도적으로 그런 짓을 벌인다 해도 알아채기 어려운데, 사회적·문화적·역사적으로 다양한 원인들이 뒤섞여서 의사소통 자체에 좋지 않은 영향을, 그것도 아주 교묘하게 미치고 있다면, 누가 과연 그런 문제를 감지할 수 있을까?

반면에 누군가가 그 의사소통에 참여하지 않은 상태에서 모든 과정을 계속해서 지켜보고 있었다고 한다면 어떨까? 조금 더 구체적으로 말하자면, 그 의사소통의 외부에서 누군가 의사소통 자체는 물론이고 그 의사소통이 이루어지는 낱낱의 배경들까지도, 아무것도 놓치지 않고 모두 감시하고 있었다고 한다면 어떨까? 아마도 이야기는 상당히 달라지게 될 것이다.

정신분석은 하버마스가 우려했던 문제들, 그 발생으로부터 해결에 이르는 모든 과정을 우리에게 또렷하게 보여 주고 있다. 환자의 증세는 일상언어적 차원의 의사소통에서 발생한 왜곡이며, 의사는 외부에서 그 왜곡을 관찰하고 분석하여 문제를 바로잡을 수 있었다. 그리고 그것으로 가다머 이해 개념에 대해서도 예외적이기는 하지만 반성의 가능성이 열리게 되는 것처럼 보였다.

가다머의 입장에서 보았을 때, 정신분석에 있어서 의사의 치료 과정 역시 일상언어적 대화를 전혀 벗어나지 못했다. 실제로 의사는 환자의 증세 자체와는 전혀 무관하며, 그는 단지 환자의 말과 행동으로 표현된 증세를 해석할 뿐이었다. 그렇게 분명한 해석의 상황을 어떻게 가다머가 말하는 이해의 예외라 할 수 있을까? 그것은 결국 의사가 환자의 증세 외부에 있기 때문에 발생하는 한계를 하버마스 스스로 인정하는 것과 다름이 없었다.

하버마스는 의사가 환자의 증세 외부에 있기 때문에 발생하는 한계, 즉 간접적인 관찰이 갖는 한계를 전이 상황을 통해서 해결하고자 했다. 전이 상황에서도 물론 의사는 일차적으로 증세 외부에서 증세를 해석하는 해석자의 역할을 하게 된다. 그러나 그와 동시에 의사는 증세의 당사자가 되어 그 증세 속 갈등(의 상황)을 직접 경험하기도 한다. 이처럼 전이 상황은 가다머가 지적한 한계를 모두 뛰어넘는 예외적인 경우가 되는 것처럼 보이기도 했다. 그럼에도 불구하고 하버마스의 야심찬 계획과 시도는 결국 실패로 마무리되고 마는데, 그 이유는 이러했다.

전이 상황에서 의사가 이중적인 위치에 있게 되는 것으로 여긴다면, 그것은 일종의 '착시 현상' 때문이다. 전이는 어디까지나 환자의 입장에서 겪게 되는 변화일 뿐이며, 의사는 환자에게서 전이가 발생한 이후에도 환자의 증세를 치료하는 본래의 위치에서 벗어나지 않는다. 다시 말해서, 환자 쪽에서만 일방적으로 의사를 그렇게 대하고 있는 것이지, 의사의 입장에서 보면 원칙적으로 바뀐 것이 없다는 것이다.

전이 상황에서도 의사는 여전히 환자와 이야기를 나누거나 그의 행동을 관찰하고 있다. 이 모든 과정은 의심의 여지없이 일상언어의 차원에서 이루어지는 일들이다. 환자의 상황이 변했기 때문에, 상대적으로 의사의 입장도 바뀐 것처럼 보임에도 불구하고 말이다.

가다머는 인간의 존재 그 자체로서의 '놀이'를 이야기했다. 그 놀이는 바로 일상언어적인 놀이이며, 우리가 우리의 존재 그 자체를 벗어던질 수 없듯이, 우리는 일상언어적 이해를 중단할 수도, 또 그것을 대상으로 삼아 관찰할 수도 없다.[83] 이것으로 우리는 하버마스의 도전이 끝내 좌절되고 말았다는 사실을 확인할 수 있다. 그렇다면 여기에서 논의는 모두 다 끝나 버리게 되는 것일까?

하버마스가 보기에 가다머는 이해가 발생하는 과정을 보이고, 그것을 통해 이해의 성격을 규정하는 정도에서 모든 학문적 작업을 마무리 지으려 하고 있다. 어디에서도 이해 과정이나 이해 내용의 무결함을 검증하기 위한 장치를 찾아볼 수 없다. 그래서 하버마스는 그런 문제를 지적하는 동시에, 스스로 직접 검증 장치를 만들어 보이고자 했던 것이다.

하버마스도 자신의 시도가 성공하지 못했음을 잘 알고 있다. 더 나아가 자신이 펼쳤던 모든 논의들조차도 가다머가 말하는 '이해'를 바탕으로 하고 있다는 사실을 인정하지 않을 수 없다. 그러나 하버마스가 겪고 있는 지금의 좌절이 한편으로 가다머의 견해가 절대적으로 옳음을 증명하는 것일까? 우리는 정말로 가다머를 통해서 학문의 최종적인 기반에 도달한 것일까? 아마도 그렇지는 않을 것이다.[84] 결과적으로 실패하기는 했지만, 하버마스가 가다머에게 제기했던 문제는 매우 정당한 것이었으며, 아직도 여전히 유효한 것으로 남아 있기 때문이다.

---

[83] 가다머는 일상언어의 그러한 속성을 빛의 역할을 통해서 설명하기도 한다. 그의 견해에 따르면, '빛은 어떤 것을 비추는 동안, 오직 다른 것을 드러나 보이게 함으로써 자신을 드러낸다.' 우리가 빛 그 자체를 관찰할 수 있을까? 그렇지는 않을 것이다. 마찬가지로 언어 그 자체를 관찰하는 일도 불가능하다(가다머는 어떤 과학적 사실을 밝히려 하는 것이 아니라, 빛의 성질을 통해서 일상언어의 성격이나 역할을 설명하려 하고 있을 뿐이다).

[84] 많은 학자들이 다양한 방향에서 새로운 길을 모색하고 있고, 조금씩이나마 앞으로 나아가는 모습을 보이고 있다. 그럼에도 불구하고 적어도 한동안은 가다머의 생각을 뛰어넘을 만한 '확실한' 어떤 것을 찾아내기 어려울 것이라는 전망이 우세하다.

나오는 말

Frenemy

가다머는 우리 인간이 아무리 노력한다 하더라도 결코 극복할 수 없는 한계를 보여 주었다. 그러나 그 한계는 우리 모두를 가두는 두껍고 갑갑한 담장이 아니라, 우리에게 진리가 드러나 보이는 밝고 맑은 창이 되었다. 하버마스에게는 그렇게 열려 있는 창도 결국은 우리가 뛰어넘어야 할 장애물의 하나였다. 아무리 밝고 맑게 우리에게 드러난다 하더라도, 철저한 검증을 거치지 않는다면, 우리는 그 어떤 것도 진리로 받아들여서는 안 된다는 것이다.

그런 입장차가 본격적으로 충돌했던 곳은 '언어'였으며, 언어와 우리 의식의 관계를 고려했을 때, 무의식을 다루는 정신분석이 주요 쟁점으로 떠올랐던 것은 매우 당연한 일이었다. 그중에서도 전이 상황의 특수성은 가다머를 곤혹스럽게 하기 충분했지만, 결과적으로 하버마스에게 필요했던 '검증'의 역할은 거의 할 수 없었다. 이처럼 하버마스의 노력과 시도는 가다머의 이해 개념을 효과적으로 제약하지 못했고, 그런 상태에서 논쟁은 일단 마무리가 되었다. 그럼에도 불구하고 하버마스가 했던 문제 제기는 대단히 정당한 것이었으며, 그런 이유로 가다머를 넘어서기 위한 노력은 여전히 유효한 것으로 남아 있다.

이따금 이런 물음을 던지는 사람들도 있다. '이 논쟁에서 이긴 사람은 과연 누구인가?' 문제 제기 자체가 정당했으니, 하버마스로서는 어쩌면 처음부터 지지 않을 싸움을 시작했던 것 같기도 하다. 반면에 하버마스가 제기했던 문제가 가다머의 주장을 크게 흔들지는 못했기 때문에, 그런 면에서 보면 가다머가 확실히 유리한 위치에서 논쟁을 마무리한 것처럼 보인다. 그렇다면 도대체 누가 이긴 것인가? 그런데 이 논쟁에서 누가 이겼는가 하는 것이 그렇게 중요한 일일까?

저명한 철학자 리쾨르Paul Ricœur는 가다머와 하버마스 사이의 논쟁에 대해서 이런 내용의 평가를 남겼다.

"가다머는 우리에게 겸손할 것을 요구했으며, 이에 대한 하버마스의 문제 제기는 당당한 것이었다."

겸손함과 당당함이 맞선다고 한다면, 과연 어느 쪽이 이기게 될까? 이 물음에 과연 정답이라는 것이 있기나 한 것일까? 그러니 정답을 찾으려 하기보다는 현명한 답을 찾는 것이 훨씬 더 지혜로운 일이 아닐까?

가다머가 했던 겸손의 요구 역시 정당한 것이었고, 그러므로 그는 언제라도 당당할 수 있다. 하버마스가 당당하게 문제를 제기하기는 했지만, 그는 결코 겸손함을 가벼이 여기지 않았다. 내용적인 면에서 논쟁은 더 없이 치열했으나, 논쟁에 임하는 그들의 태도는 언제나 합리적이었으며, 그런 면에서 그들 사이의 논쟁은 일종의 협력 작업이었던 것처럼 보이기도 한다.

논쟁의 당사자들에게 중요했던 것은 서로가 인정할 수 있는 합의점을 찾는 것이었지, 상대방을 제압해서 승리의 기쁨을 누리고 자존심을 지키는 것이 아니었다. 논쟁의 가치를 제대로 이해하지 못하는 사람들만이 승자와 패자를 운운하면서 헛다리를 짚고 있을 뿐이다. 글쓴이는 가다머와 하버마스의 논쟁을 살펴보면서 자연스럽게 이런 생각에 도달하게 되었다.

'우리는 먼저 가다머처럼 겸손하게 우리의 한계를 인정하고, 그 다음 하버마스처럼 그 한계를 넘어서기 위해 끊임없이 노력해야 한다.'

비록 하버마스가, 가다머가 주장하는 한계를 넘어서지는 못했지만, 그렇다고 해서 가다머가 모든 것의 끝이 되는 것은 아니다. 우리가 가다머가 설정한 한계를 우선 인정하고 가야 한다고 해서, 그가 모든 것의 시작이 되는 것도 아니다. 지금도 전 세계 수많은 학자들이 그들과 그들이 벌인 논쟁을 연구하며, 더 나은 길을 찾기 위한 노력을 계속하고 있다. 그런 면에서 그 논쟁은 완전히 끝난 것이 아니라, 지금도 여전히 진행 중이라 할 수 있겠다.

어쨌든 낯선 이야기였을 것이다. 낯선 이야기인데다가 어렵기까지 했을 것이다. 그럼에도 불구하고 흥미와 인내심을 가지고 여기까지 왔다면, 가다머와 하버마스를 통해서 우리는 '또 다른 세계를 만났다' 느낄 수 있을 것이다. 그런 '또 다른 세계'들은 사실 우리 주변에서 얼마든지 찾아볼 수 있다. 단지 우리가 그런 것들이 있는지도 모르는 채, 무관심하게 그냥 지나치고 있을 뿐.

우리가 호기심과 의욕을 가지고 새로운 이야기로 가득한 세계들을 접한다면, 그때마다 우리들 각각의 세계도 계속해서 넓어지게 될 것이다. 그렇게 우리 모두가 정말로 정말로 넓은 세계를 갖게 되었을 때, 주변의 모든 것들은 과연 어떤 모습으로 우리에게 드러나게 될까? 만약 이 책이 그런 호기심과 의욕을 불러일으켰다면, 글쓴이가 예전부터 지금까지 책을 내면서 기대하는 성과를 이번에야 비로소 달성했다 말할 수 있겠다.

참고문헌

|

Abel, G., *Interpretationswelten: Gegenwartsphilosophie jenseits von Essentialismus und Relativismus*, Suhrkamp Verlag, Frankfurt/Main 1993.

Ajdukiewicz, K., *Problems and Theories of Philosophy*, Cambridge Univ. Press, Cambridge 1973.

Angehrn, E., *Interpretation und Dekonstruktion: Untersuchung zur Hermeneutik*, Velbrück Wissenschaft, Weilerswist 2003.

Böhm, U., *Philosophie heute*, Campus, Frankfurt/Main 1997.

Charlmers, D. J., *The conscious mind*, Oxford Univ. Press, New York 1996.

Coreth, E., *Grundfrage der Hermeneutik: Ein philosophischer Beitrag*, Herder, Freiburg, Basel, Wien 1969.

Dilthey, W., *Das Wesen der Philosophie: Mit einer Einleitung herausgegeben von Otto Pöggeler*, Felix Meiner Verlag, Hamburg 1984.

Freud, S., *Die Traumdeutung*, hg. v. Joachim Fest und Wolf Jobst Siedler, S. Fischer Verlag GmbH, Frankfurt/Main 1982.

Gadamer, H. G., *Kleine Schriften I: Philosophie Hermeneutik*, J. C. B. Mohr (Paul Siebeck), Tübingen 1967.

_____, *Hermeneutik II Wahrheit und Methode: Ergängzungen Register*, Gesammelte Werke 2., J. C. B. Mohr (Paul Siebeck), Tübingen 1986.

Grondin, J., *Hermeneutische Wahrheit? Zum Wahrheitsbegriff Hans-Georg Gadamers*, 2. Aufl., Beltz athenäum Verlag, Weinheim 1994.

_____, *Einführung zu Gadamer, UTB für Wissenschaft*: Uni-Taschenbücher; 2139, J. C. B. Mohr (Paul Siebeck), Tübingen 2000.

Habermas, J., *Erkenntnis und Interesse*, Gesammelte Werke 17. (Suhrkamp-Taschenbücher Wissenschaft; I), Suhrkamp Verlag, Frankfurt/Main 1973.

_____, *Zur Logik der Sozialwissenschaften*, Gesammelte Werke 6, 5 erw. Aufl.,

Suhrkamp Verlag, Frankfurt/Main 1982.

_____, *Der philosophische Diskurs der Moderne: Zwölf Verlesungen*, Gesammelte
Werke 3., 3. Aufl., Suhrkamp Verlag, Frankfurt/Main 1986.

Hammermeister, K., *Hans-Georg Gadamer*, Beck'sche Reihe; 552: Denker, C. H. Beck
Verlag, München 1999.

Heidegger, M., *Einleitung in die Philosophie, Gesamtausgabe II. Abteilung: Vorlesungen
1919-1944 (Band 27.)*, Vittorio Klostermann GmbH, Frankfurt/Main 1996.

_____, *Onthologie. Hermeneutik der Faktizität (Band 63.)*, Vittorio Klostermann
GmbH, Frankfurt/Main 1988.

Horkheimer, M. & Adorno, T. W., *Dialektik der Aufklärung und Schriften 1940-1950*,
Max Horkheimer Gesammelte Schriften Band 5., Herausgegeben von Alfred Schmidt
und Gunzelin Schmid Noerr, S. Fischer, Frankfurt/Main 1987.

Ineichen, H., *Philosophische Hermeneutik*, Karl Alber GmbH, Freiburg/München 1991.

Jung, C. G., *Freud und die Psychoanalyse*, C. G. Jung Gesammelte Werke 4., Rascher
Verlag, Stuttgart 1969.

Jung, M., *Hermeneutik zur Einführung*, Junius Verlag GmbH, Hamburg 2001.

Kaus, R. J., *Psychoanalyse und Sozialpsychologie*: Sigmund Freud und Erich Fromm,
Beiträge zur neueren Literaturgeschichte Band 166., Universitätsverlag C. Winter,
Heidelberg 1999.

Lorenzer, A., *Szenisches Verstehen zur Erkenntnis des Unbewussten: von Alfred Lorenzer*,
Kulturanalysen Band 1., Herausgegeben von Ulike Prokop und Bernard Görlich,
Tectum Verlag, Marburg 2006.

Malpas, J., Arnswald, U. & Kertscher, J., *Gadamer's Century: Essays in Honer of Hans-
Georg Gadamer*, MIT Press, Massachusetts 2002.

Möller, H., *Vernunft und Kritik: Deutsche Aufklärung im 17 und 18 Jahrhundert*, Neue
Folge Band 269, Suhrkamp Verlag, Frankfurt/Main 1986.

Naujoks, E., *Die Französische Revolution und Europa 1789-1799*, W. Kohlhammer
Verlag, Stuttgart 1969.

Palmer, R. E., *Hermeneutics: Interpretationtheorie in Schleiermacher, Dilthey, Heidegger,
and Gadamer*, Nordwestern Univ. Press, Evanston 1969.

Plieger, P., *Sprache im Gespräch: Studien zum hermeneutischen Sprachverständnis bei*

Hans Georg Gadamer, WUV, Wien 2000.

Roderick, R., *Habermas und das Problem der Rationalität: eine Werkmonographie*, Argument, Hamburg 1989.

Rorty, R., *Philosophy and the Mirror of Nature*, Princeton Univ. Press, New Jersey 1980.

_____, *Contingeny, Irony and Solidarity*, Cambridge Univ. Press, New York 1989.

Scholz, O. R., *Verstehen und Rationalität: Untersuchung zu den Grundlage von Hermeneutik und Sprachphilosophie*, Philosophische Abhandlung Band 76., Vittorio Klostermann GmbH, Frankfurt/Main 1999.

Tress, W. & Nagel S. (Hrsg.), *Psychoanalyse und Philosophie: eine Begegnung*, Roland Asanger Verlag, Heidelberg 1993.

게스, R., 『비판이론의 이념』, 신중섭 외 역, 서광사, 2006.

그뮌더, U., 『비판이론』, 손동현 역, 성균관대학교 출판부, 1998.

리쾨르, P., 『해석학과 인문사회과학』, 톰 존슨 편역, 윤철호 역, 서광사, 2003.

샤하트, R., 『근대철학사』, 정영기 외 역, 서광사, 2007.

슈나이더스, W., 『20세기 독일철학』, 박중목 역, 동문선, 2005.

스미스, A. A., 『베버와 하버마스』, 김득룡 역, 서광사, 1991.

스토, A., 『융』, 이종인 역, 시공사(시공 로고스 총서 13), 2001.

시튼, J. F., 『하버마스와 현대사회』, 김원식 역, 동과서, 2007.

심스, K., 『해석의 영혼 폴 리쾨르』, 김창환 역, 도서출판 앨피, 2009.

엘하르트, S., 『심층심리학 입문』, 윤홍섭 역, 계명대학교 출판부, 1983.

오트너, S. B., 『문화의 숙명』, 김우영 역, 실천문학사, 2003.

윌리엄스, N., 『정신분석적 사례이해』, 권석만 외 역, 학지사, 2006.

융, C. G., 『원형과 무의식』, 한국 융 연구원 저작 번역위원회 역, 솔출판사, 2003.

_____, 『인간과 상징』, 이윤기 역, 열린책들, 1996.

인아이헨, H., 『철학적 해석학』, 문성화 역, 문예출판사, 1998.

카이와, R., 『놀이와 인간』, 이상률 역, 문예출판사, 1994.

커니, R., 『현대유럽철학의 흐름』, 임헌규 외 역, 도서출판 한울, 1992.

코겔만스, J. J., 『후설의 현상학』, 임헌규 역, 청계출판사, 2000.

쿼릭, G., 『달콤한 시간: 어른 놀이와 몰입』, 박석희 역, 경기대학교 연구교류처, 1997.

토크빌, A., 『앙시앵 레짐과 프랑스 혁명』, 이용재 역, 박영률출판사, 2006.

팔머, R., 『해석학이란 무엇인가』, 이한우 역, 문예출판사, 1988.

프롬, E. 외, 『프로이트 심리학 비판』, 오태환 역, 선영사, 1995.

프리드만, G., 『프랑크푸르트 학파의 사상적 연원』, 송휘칠 역, 탐구당(탐구신서 299), 1987.

하버마스, J., 『의사소통행위이론』 1, 장춘익 역, 나남출판사, 2006.

_____, 『의사소통행위이론』 2, 장춘익 역, 나남출판사, 2006.

하우저, A., 『문학과 예술의 사회사』, 백낙청 역, 창작과비평사, 1991.

하위징아, J., 『호모 루덴스』, 김윤수 역, 도서출판 까치, 1994.

고지현 외, 『프랑크푸르트 학파의 테제들』, 도서출판 옹기장이, 2010.

박정호 외, 『현대 철학의 흐름』, 도서출판 동녘, 1996.

서봉연 외, 『심리학 개론』, 박영사, 1989.

서양근대철학회, 『서양근대철학』, 창작과비평사, 2001.

심성경 외, 『개정 유아교육개론』, 창지사, 2004.

이남인, 『현상학과 해석학』, 서울대학교 출판부, 2004.

이부영, 『분석심리학』, 일조각, 2000.

이선영, 『문예사조사』, 민음사, 1991.

이숙재, 『유아 놀이 활동』, 창지사, 2001.

정기철, 『해석학과 학문과의 대화』, 문예출판사, 2004.

정진 외, 『유아놀이와 게임활동의 실제』, 학지사, 1994.

편집부 엮음, 『변증법 입문』, 도서출판 이삭, 1985.

홍기수, 『하버마스와 현대철학』, 울산대학교 출판부, 1999.